ヨーロッパ史

拡大と統合の力学

大月康弘
Yasuhiro Otsuki

岩波新書
2003

はじめに――ヨーロッパ史とは何か

『ヨーロッパとは何か』

ヨーロッパ研究に名著と呼ばれる書物は少なくない。岩波新書として出された増田四郎『ヨーロッパとは何か』(一九六七年)もまた、多くの読者に感銘を与え続ける名著の一冊ではないだろうか。五〇年以上前に刊行された同著だが、いまなお版を重ね、ヨーロッパ理解を得たい読者に多くの指針を与えている。

このハンディな書物が読む者に深い感銘をのこす魅力とは何だろう。

著者の増田四郎(一九〇八―一九九七年)は、あるときは場所と時代に沈潜し、史料の克明な解読にもとづく歴史学の論文を著した。またあるときは、時代の曲がり角となった契機《モーメント》に照準を合わせ、社会の変容を大胆かつ的確に摑み出し、「変化の絵」を周到に描いてみせた西洋経済史の泰斗だった。『ヨーロッパとは何か』は、いわば著者の研究人生の精華のひとつとして、魅力ある叙述とともに大胆に「ヨーロッパ世界の本質」を摑み、雄大な「ヨーロッパ史の風景」を描き出していた。

歴史的見地からする「ヨーロッパ」の広がり、その空間的広がりを「ヨーロッパ」たらしめてきた文化的基盤、そして、それぞれの国家に分岐し、現代世界を構成するに至った各国(地域)の個性。この書物は、それらの主題を大胆に、また色彩豊かに素描してみせたのである。ヨーロッパの俯瞰図《パノラマ》を示しながら、この社会の本質を摑み出した快作だった。

この書物のメッセージのひとつに、現代のヨーロッパの現状を、その由来に遡って構造的に理解すべきとする方法態度があった。現代のヨーロッパ各国は、いうまでもなく「近代」の産物である。近代以前には、もとより近代とは違った国家形象があり、また違った国家観、社会観があった。この書物は、前近代における事態を、それとして、つまり近代からの目線に依らない客観的な視線によって識るべき、というメッセージを伝えていた。そのうえで、前近代から近代への転生を理解しながらその契機《モーメント》を認識したい、という姿勢に貫かれていた。同著は、説得的に「ヨーロッパ」の広がりと本質を伝えて、比類ない視座を示していた。

ヨーロッパ史の常道

わが国にも、もとより多くの「ヨーロッパ史」に関する研究書、概説書がある。「イギリス史」「ドイツ史」「フランス史」「イタリア史」「スペイン史」等々。その多くは、各国の近現代に照準を合わせ、それぞれの国の誕生から生長を語り、分析してきた。

それらの叙述は、各地域に現存する各国を主題の中心に置き、地理的空間(国土)を基本的枠組みとする。そこに生きる者たちにとっては、いわば当然のことであり、その淵源への旅こそが歴史学の常道とされた。一〇〇年前、五〇〇年前の国家のかたち、社会のあり方が現代と違うことは、誰もが察知できるであろう。社会と国家は、時間の経過とともに変容する。ヨーロッパ史の基本は、こうして現代人が生きる国家と社会の現在を紡ぎ出した源流への旅の様相を呈していたのである。

現在そこここに存在する各々の国家・社会は、いつ始まったのか。今日までの来歴をより深く知ることは、私たち市民の一人ひとりにとって、またこれからの世界を創り出す子供世代にとって、必要な学習事項といってもよい。

この方法態度は、前近代つまり「中世」にも準用されてきた。すなわち、中世史の多くも、それぞれの近代国家を育んだ揺籃としての「中世イギリス」「中世ドイツ」といった各国単位で事態を観察する姿勢が、これまでの標準形となってきた。「ヨーロッパ史」は、いわば国民国家を叙述の基本単位としてきたのである。

他方、「古代ギリシア史」「古代ローマ史」もまた、「ヨーロッパ史」研究の重要な一環として営まれてきた。ヨーロッパ史研究におけるこの編成は、近現代にかたち作られた各国の枠組みを超えた、いわば別の原理で営まれた国家・社会への考察を学習者に促す意味をもっていた。

また、近現代社会を駆動するさまざまな価値や規範(自由、市民等の実体概念)が「古代社会」に胚胎されていた、という想定によって、より積極的な意味づけが含意されていたようにも見える。ルネサンス以降のヨーロッパ社会は、キリスト教的に緊縛された社会からの脱却という文脈のもとで、前キリスト教社会であった古代ギリシア・ローマ社会に積極的な意味を与えていたからである(その一端を第4章で論じる)。

各国史という編成

私が歴史研究の入り口に立ったとき(一九八〇年代)、眼前に広がっていたヨーロッパ史研究の見取り図は、おおよそ以上のように理解されたものだった。

特に「イギリス史」「ドイツ史」「フランス史」では、ヨーロッパ学界ばかりでなく日本の学界でも、重厚かつ重要な研究書が多く生まれていた。私が属した経済学部のなかでも、このヨーロッパ三国の歴史は重点的に分析され、「日本史」を含めた比較経済史という視座のなかで注目すべき成果を豊かに産み出していた。

各大学で営まれたヨーロッパ史研究は、むしろこの西欧三カ国を主要な研究対象にしていたといえようか。この制度上の傾向性は、本書でも改めて注目したい観点のひとつと考えている。

ヨーロッパ圏におけるその他地域が研究される場合であっても、研究単位がもっぱら各国別であったことも、やはり特徴的といわなければならない。例えば「東欧」と呼ばれる地域の研究がある。この東ヨーロッパ地域の歴史研究も、また「ロシア史」「ポーランド史」「チェコ史」「ハンガリー史」「ユーゴスラビア史」「ルーマニア史」「ブルガリア史」「ウクライナ史」と続き、「近代ギリシア史」をも東欧史に含めて営まれてきたものだった。

各国史単位でのこのヨーロッパ史研究の作法がいつ始まり、定着していったのかについては、別の確認作業が必要だろう。ただそれは、各国が存在していなければならないのであるから、一九世紀のいわゆるナショナリズムの高揚と、その結果としての各国の独立ないし成立以降のことであったことは、ここでまず確認しておこう。

超域と境域

他方、ヨーロッパ史研究の文脈で、二〇世紀の後半はいくつかの新しい機運が台頭した時代であった。現在のEU（ヨーロッパ連合）に向かっていった「統合」の機運は、各国単位での歴史記述に加えて「新たな歴史認識の枠組み」を要請している。他方、各国を構成するそれぞれの地域の個性を切り出す姿勢も次第に高まり、いまや多くの研究者に地域史の視点は不可欠なものとなってもいる。あるいは、国家と国家の「境域」へのまなざしが重視されてもきた。境域を構成する諸要素を構造的に解明しようとする研究関心も台頭している。つまり、ナショナルではなくローカル、あるいはまたナショナルのせめぎ合うボーダーへの関心や、トランスナショナルな人・モノ・情報の動きに対するまなざしが、人びとに共有されているのである。既存の各国史の観察枠組みは、この四〇年ほどのあいだに揺り動かされ、あるいは融解し、再編成されている、といってよいのかもしれない。現実の歴史がもたらした歴史認識枠の揺れを観察すると、隔世の感を禁じえない。

各国史とヨーロッパ史

ともあれ、ヨーロッパ史といえば、長いあいだ各国の政治、経済、社会の展開が前提されてきた。そして、ヨーロッパ世界の歴史事実を検討素材として「古代史」「中世史」「近代史」「現代史」のメルクマールを切り出してきた。また、そのような時代区分を前提として、「近代」を遡及的に適用し、「中世以来の国民国家史」とその「近代化」過程が解き明かされてきたといってよい。各国が、自己完結的な単位であり、分析対象として措定されてきたのである。

このヨーロッパ史叙述の作法は、それ自体が「近代」の産物だった。本書は、近代にかたち作られたこのヨーロッパ史のあり方を見据えながら、「ヨーロッパとは何か」について私の専門領域の視座から考えてみた試論である。本書は、いわば「ヨーロッパ史」の作法、あるいは「ヨーロッパ史」を描く上で当然とされてきた構図について考え、他のありうる視座について検討することをめざしている。

古代か中世か

私は「古代史」および「中世史」を主なフィールドとして歴史社会の考察をしてきた。西暦でいえば四世紀から一一世紀頃までの「中世ヨーロッパ」の社会経済構造分析に関心を寄せ、西欧中世国家との比較において、特に地中海の東半分に存在したビザンツ帝国社会の特質を考察することを中心的課題としてきた。

世界史の教科書は、古代の地中海社会は、その最後の国家であるローマ帝国が五世紀に没落ないし消滅し、五世紀から六世紀には「中世」が始まる、と説いていた。しかし、長らくこの古代から中世の時代を考察してきて、当時、自らを「古代人」「中世人」と表現する者は、管見のかぎりいない。つまり、私たちに通用する時間と空間を区切る用語法、あるいは方法態度は、何より近代ないし現代の作法といわなければならない。

当時の東地中海地域の人びとに注目していえば、彼らはどのような存在として自らを認識していたのだろうか。この場合、歴史学が考究すべきは、この自己了解の中身を、当時の文脈、同時代の地理的世界観のなかで構造的に切り出すことになるのだろう。

汎ヨーロッパという考え方

一九世紀に「国民国家」が基本単位となって、その主役としての「市民」が政治の舵取りをするようになると、「国民国家史」は政治的意図を含んで、歴史学の常道となった。しかし、ヨーロッパの長い歴史的歩みは、もとより「国民国家史」と一致しない。「国民」と名付けられた実体と概念が、いつどのようなかたちで形成されたのか。また「国民国家」という観念が、いついかなる契機《モーメント》で生成され、現実のものとなっていったのか。そのような問いが、ヨーロッパ史のなかでの大問題《ビッグ・クエスチョン》として扱われることは、驚くほど少なかった。

もっとも、わが国でも例えば前述の増田四郎『ヨーロッパとは何か』や、また渡辺金一『中世ローマ帝国』は、かかる歴史の真実を真摯に見つめる慧眼の書であった。それらは、ヨーロッパ世界の全体を展望して、国民国家史では見えてこない本来のヨーロッパ像を示してきた。ヨーロッパの大きな律動のなかに、一九世紀以来の各国別の歩みをも見据えて、有益な示唆を与えてきた。そして、「事件」や「出来事」に関心を集中させることなく、人物や出来事の舞台となった社会の構造《プラットフォーム》にまで掘り下げて検討することの重要性を説き、国民国家に結晶していった各地域の個性や特質をも説いていた。

各国史でない「ヨーロッパ史」や「地域史」という視座は、二一世紀の今日、アクチュアルな意味を含んで重要である。例えば前述のように、ＥＵの生成・発展は、各国単位の歴史観を超えたかたちで政治・経済活動を考えるべきことを前提としていた。それは、第一次世界大戦後のヨーロッパで、各国間の経済的・政治的競争の蹉跌後に、その反省を含んで新しい枠組みとして歩みを始めたのだった。

ヨーロッパの長い歴史を見ると、汎ヨーロッパ的規模で行われた事象が間歇的に見られることに気づく。例えば、節目ごとに現れる「大帝」Magnusと称される偉大な帝王の事績がそれである。それらの事象を検討すると、「近代」や「国民国家史」とはまったく異質な原理が伏在していたことに気づかされる。ヨーロッパ史は、この文化的伏流水がいわば間歇的に噴出したとき動いた、といってよい。

本書は、ヨーロッパ社会の歴史を基底的に動かしてきたこの伏流水にも触れながら、汎ヨーロッパ的規模で律動した「ヨーロッパ史」を今日的視点から展望したいと思う。それは、一九世紀以来の国民国家史の黄昏期ともいえる現在を、汎ヨーロッパ史の文脈のなかに位置づけることにもなるはずである。ヨーロッパ世界が本来もっていた姿を素描し、回復されつつある「汎ヨーロッパ的視点」と同世界の行方について、読者の皆さんとともに考える一助となれば幸いである。

目次

0
500 km
ヴィスワ川
キエフ
ドニエプル川
アンテ族
アヴァール人
アラン人
ドニエステル川
ゲピド族
アブハジア人
コーカサス
スラヴ族
スキタイ
ドナウ川
黒海
ラジカ
アルメニア
コンスタンティノープル
カルケドン
ティグリス川
テッサロニキ
エデッサ
アンティオキア
リディア
ユーフラテス川
ロードス島
アテネ
キプロス島
ベイルート
クレタ島
カイサリア
エルサレム
地中海
アレクサンドリア
ナイル川
紅海
アクスーム

「中世」のヨーロッパ

＊ 第１章第３節を参照.

第1章

大帝を動かす〈力〉

── 伏流水 ──

コンスタンティヌス大帝(右)とユスティニアヌス大帝(左)
聖ソフィア聖堂(イスタンブル)内のモザイク

一　大帝と呼ばれた皇帝たち――ローマ皇帝の当為

ヨーロッパ史を観察していると、ときおり「大帝」Magnusと呼ばれる皇帝が出現することに気づく。世界史の教科書や参考書で目にする人物をざっと思いうかべてみても、以下のような人物たちが挙げられるだろう。

四世紀　コンスタンティヌス(在位三〇六―三三七年)
　　　　テオドシウス(在位三七九―三九五年)
六世紀　ユスティニアヌス(在位五二七―五六五年)
八―九世紀　カール(フランク王にして皇帝となる。在位八〇〇―八一四年)
一〇世紀　オットー一世(フランク王にして皇帝となる。在位九六二―九七三年)
　　　　バシレイオス二世(在位九七六―一〇二五年)

四世紀のコンスタンティヌスとテオドシウスは、いずれも地中海規模大に拡大されたローマ帝国の版図を一人で統治したローマ皇帝である。三世紀の半ば以降、広大な帝国に点在した軍人たちがそれぞれに皇帝を僭称したこと（「三世紀の危機」）からも知られるように、帝国には常に遠心的な要素が含まれていた。他方で、求心的な作用も一貫して見られ、精力的に統合の意思をもち、活動して実際に「統合」を実現し、維持した者が出現した。四世紀の両大帝は、少し乱暴にいってしまえば、このようなローマ帝国の相反する作用のなかにあって、ただ一人の皇帝として帝国統治を実現した者ということができる。

「ローマ皇帝」Imperator Romanorum と訳される概念は、正確には「ローマ人たちの司令官」とでもすべき用語である。インペラトールは、本来「（ローマ軍団の）司令官」を意味していた。つまり私たちが「ローマ皇帝」と呼ぶ存在は、「インペラトール中のインペラトール」Imperator Imperatorum、ローマ国家の全軍団を率いる総司令官という意味であった。

他方、生身の人間としての皇帝とは別に、「ローマ支配権」Imperium Romanum という概念もあった。この「支配権」を生身の人間としての「皇帝」が体現したところから、「ローマ帝権」と日本語に訳すのが通用している。

ローマの支配権や皇帝に関するこの伝統的な観念にキリスト教的な世界観が加わったのが、五世紀から六世紀であった。六世紀のユスティニアヌスは、このキリスト教的ローマ皇帝観念を体現して活動した最初の大帝だった。「キリスト教的な皇帝」とは、ひとことでいえば、「世界」を救済する使命を自らの当為とした皇帝、ということである。彼は、のちの西ヨーロッパ世界でも、あるべき「キリスト教ローマ皇帝」の理想として尊敬され、手本とされた。

右に挙げたバシレイオス二世は、東地中海圏のみを支配領域とせざるをえなくなったローマ帝国、つまりビザンツ帝国に出現した皇帝である。七世紀初頭からこの帝国の公用語はすでにギリシア語化しており、ローマ皇帝も「バシレウス・ローマイオーン」と呼ばれていた(初出は六二七年)。しかし、彼らの世界観では、この国家はあくまで「ローマ帝国」でしかなかった。その実効的支配領域が縮減したとはいえ、この帝国の皇帝は、理念的には普遍的な皇帝存在であり、「キリスト教ローマ皇帝」の模範として「世界」を救済する責務を負うものと自任していた。

カール以降の西欧世界の支配者たちも、ビザンツ皇帝をそのような者として見ていた。それは、彼らが常にコンスタンティノープルにいる皇帝との外交交渉において自らの行動の承認を得ようとしていたことからもうかがえる。地中海＝ヨーロッパの歴史を見渡したとき、オットー一世と同時代の一〇世紀に、この東方帝国にもまさに大帝と称されるにふさわしい皇帝が出現していたのである。

ヨーロッパ世界におけるこの同時代性をどう考えるべきか。単なる偶然、あるいは何か必然性があったのか。そして、彼らは、何をもって「大帝」と呼ばれたのだろうか。

それぞれの皇帝の事績を調べていくと、何より内政・外交・軍事など多面的に活発な活動を展開したことがわかってくる。

彼らに共通するのは、まずもって「ローマ皇帝」のステータスを名乗り、その名のもとにあるミッションを帯びて自らを律し、国家・社会の力を集約して、多彩な部面で精力的に活動を展開したことであった。それは、まるで憑かれたように多彩な活動の展開だったといってよい。私自身も、彼らの帝国財政に関わる皇帝施策を多少とも研究し、彼らが「皇帝」として周辺諸民族にも大きな影響を及ぼしていたことを観察してきた。彼らの活発な活躍のゆえに研究材料ともなる「史料」が多く残され、歴史学の考察対象としても彼らは大きな存在となってきたのである。

もとより彼らもまた、生身の人間であった。等身大の彼らの生涯を辿ってみると、彼らを大帝と呼ばれるまでに駆り立てた、切迫感ともいうべきある種の責務感がいま見えてくる。

東西に出現した大帝の事績とその背景を並べて見わたすと、この同時代性そのもののなかに、ヨーロッパ世界の歴史を衝き動かした要因が伏流水のように流れているのが見えてくるのである。本章ではまず、彼ら大帝たちの事績を概観してから、その伏流水の片鱗について見定めておこう。

二　ユスティニアヌス――帝国の復興

六世紀のユスティニアヌスは、多彩な事績がよく知られ、後代の模範ともなった大帝だった（図1）。

ローマ帝国は、三九二年にキリスト教を国教化した。ユスティニアヌスは、それから一三〇年以上を経た社会に登場した皇帝だった。地中海規模大に拡大した帝国内の統一に腐心した点では、四世紀のコンスタンティヌス、テオドシウスと同様であった。三者とも、常に分裂傾向にあった帝国をただ一人の皇帝として統治し、帝国のために対外戦争を行って、国土の防衛に努力した。特に東方のササン朝ペルシアとの境域をめぐる戦いは、断続的に、しかしその都度数年にわたる交戦状態となり、ローマ帝国にとって最大の課題となっていた。

ユスティニアヌスの場合、キリスト教的観念が浸潤した社会で活動を展開した点で、四世紀の両大帝とは異なっていた。五世紀以降の諸皇帝は、キリスト教会と信者集団である帝国民の安寧に配慮を及ぼすことが求められた。

それは、キリスト教徒である市民が神への寄進を行う際に、財政的配慮（減免税）を与えた点に端的に表れていた。『ユスティニアヌス法典』に採録された五世紀以降の勅令、またユスティニアヌス自身による『新法』中の勅令には、教会、また修道院、慈善を行う教会諸機関が、それぞれ独立の法人格をもって財産を所有するようになったこと、また時の経過とともにその資産を拡大させていった様子がうかがわれる。ユスティニアヌスの時代は、その法整備が完成した時期だった。この点から、キリスト教ローマ皇帝としての大帝の理想像を彼に求めることが、後代の大帝たちの通念をかたち作っていた。

ユスティニアヌスは、ローマの名門出身ではなかった点も四世紀の諸皇帝とちがっていた。彼は、マケドニア地方（属州ダルダニアのタウレシウム、現マケドニア共和国スコピエ近傍）に農民の子として生まれた。十代で叔父ユスティヌスを頼って帝都コンスタンティノープルに上京（のち養子となる）、軍団に勤務し、叔父がアナスタシウス帝の逝去後に後継皇帝に選出されたことで、その副帝として国政の舵取りをするようになったのだった。

図1　ユスティニアヌス大帝（サンヴィターレ聖堂, 547年作のモザイク）

五二七年八月一日、叔父ユスティヌス一世（在位五一八－五二七年）が崩御した当日に、彼は正式にローマ皇帝となった。即位して半年後に、彼はローマ法典の編纂を命じている。そして五三四年に、後代『ローマ法大全』*Corpus Juris Civilis* と呼ばれることになる法集成が完成した。

ローマ法典の編纂

ローマ帝国には、すでにユスティニアヌスの治世までに一大法令群があった。元老院が定めた法や勅法が古法としてあったが、それらはしばしばすでに廃れたものだった。二世紀よりは、「新法」と呼ばれる皇帝勅令があった。それぞれの時代の要請に応じて発布された勅令がローマ法の主体を成していたが、各勅令を現行法として扱うことにも困難が生じていた。錯綜する法の残存状況に加えて、諸法は常に主旨が一致しているわけではなく、法学者たちはそれらの解釈に当たってさまざまな見解を採っていたのである。

これらの諸法を再編成しようという試みがすでに行われていた。『グレゴリアヌス法典』(二九一–二九四年頃)、『ヘルモゲニアヌス法典』(三世紀末)があり、次いで『テオドシウス法典』(四三八年)が三一二年以降に発布された諸法を集成していた。

五二八年二月、ユスティニアヌスは法の集成を命じた。それは、四つのまとまりのある法典の編纂だった。『ユスティニアヌス法典(勅法彙纂《ちょくほういさん》)』 *Codex Justinianus*(五二九年四月公布、全一二巻)は、先行する法典のように皇帝勅令を集成したものであるが、当時の現行法となるべき各法文に改変が施された点で、歴史的な勅令をそのまま採録編集した先行法典とは方針が異なっていた。『学説彙纂』*Digesta/Pandekten*（五三三年一二月公布、全五〇巻）は、二世紀以来の法学者の学説を編集したもので、大部なものとなった。『法学提要』*Institutiones*（五三三年一一月公布）は、ベイルートに加えて四世紀初頭にコンスタンティノープルにも開設された法学校の第一学年用教科書として編まれたものだった。『新法（新勅法彙纂）』*Novellae* は、ユスティニアヌス自身によって発布された勅令の集成で、全一六八通が伝えられる。

これらの法集成は、一六世紀になって『ローマ法大全』の名のもとで出版されたことで、以後この通称で呼ばれている。ローマ法典の継受問題はなお解明されるべき点が多いが、西ヨーロッパにおいては、一一世紀のイタリアで「発見」され、叙任権闘争に際しては教会法に則して議論する教皇派に対する皇帝派の理論的武器庫となった。この中世における政治闘争を経て、『ローマ法大全』は、近現代ヨーロッパ諸国、特にドイツやフランスにおける法の基礎となったのである。

対外活動

ユスティニアヌスは、対外活動も活発に展開した。ササン朝ペルシア、ヴァンダル王国、東ゴート王国との戦いによって「帝国の復興」Renovatio Imperii Romanorum を推し進めた。ユスティニアヌス期の対外戦争の展開は以下の通りである。

ササン朝ペルシア戦（第一次、五二七―五三二年）
ヴァンダル王国討伐（北アフリカ征服、五三三―五三四年）
第一次イタリア戦役（第一次東ゴート戦、五三五―五四〇年）
ササン朝ペルシア戦（第二次、五四〇―五六二年）
第二次イタリア戦役（第二次東ゴート戦、五四一―五五四年）

東西にわたる対外戦争が、ユスティニアヌスの治世を特徴づける出来事だったことが容易に理解されるだろう。

東の境域におけるササン朝ペルシアとのいわば国境争いは、この地域に展開していたアラブ諸族の帰属問題でもあった。アラブ諸族はそれぞれが利害意識などによっていずれかの帝国に従い、また帰属先を変更していたのだった。それは四世紀以来の事態ではあったが、六世紀になるとササン朝にホスロー一世（在位五三一―五七九年）が出て、メソポタミアからコーカサス、シリア地域にわたって攻勢をかけてきた。これに対して積極的な対応が必要となったのである。

しかしユスティニアヌスの情熱が向かった先は、何よりも彼自身がその歴史を知る「ローマ」だった。「ローマへの情熱」は、西方への再征服戦争（対ヴァンダル戦争、対東ゴート戦争）において顕著に見られるモチーフだった。彼は、企図した遠征が、かつてのローマ帝国を輝かしい状態のうちに再興するためのもの、と考えた。五三四年発布の勅令(『ユスティニアヌス法典』一・二七として採録)には、次のように記されている。

諸属州が「身体と精神の敵」である蛮族どもの手にあり、取り戻さねばならない。キリスト教の帝国は唯一の信仰、正しい信仰、つまりオルトドクスを信奉しなければならない。

ユスティニアヌスの意図が「帝国の復興」としてまとめられ、同時代人にも共有されていたことがうかがえる一節である。「帝国の復興」というモチーフは、後述するように、カール、オットー一世、またバシレイオス二世においても看取され、その後のヨーロッパ史を縁取る基本理念となっていく。

皇帝としての善行と慈善

ユスティニアヌスがヨーロッパ史における大帝のモデルとなることに貢献した要素として、キリスト教皇帝としての振る舞いがあった。有力者が果たすべき道徳的当為として、フィラントロピー(善行)があった。これは、アリストテレスの『ニコマコス倫理学』などに見られる道徳的規準だったが、主として社会に対する奉仕となるような行為を指し示していた。例えば、公共的な建築およびその修繕への資金提供、市民への饗応などであった。

ユスティニアヌスの事績を特徴づける行為に、建築活動があった。彼は、帝国全土にわたって都市の防衛を強化するために要塞化を推進し、各地にキリスト教の聖堂を建設した。

帝都コンスタンティノープルの聖ソフィア（ハギア・ソフィア）聖堂はその代表例である（図2）。この名の聖堂は、そもそも四世紀に建てられていたもので、五世紀初頭の焼失後に再建された建物が六世紀に現存していた。ところが、五三二年一月のニカの乱で焼失する。ユスティニアヌスは直ちに再建に着手し、現在に伝えられる大聖堂を建設させて、五三七年末に完成した。六年弱という短期間であり、その情熱の高さがうかがわれる。

図2　コンスタンティノープル（現イスタンブル）の聖ソフィア聖堂

なお、このハギア・ソフィア聖堂は、いまなおキリスト教世界最大級の大聖堂である。その壮大さから、献堂式の場でユスティニアヌスは、古代イスラエル王国のソロモン神殿を凌駕したとして「ソロモンよ、我は汝に勝てり！」と叫んだと伝えられる。

ユスティニアヌスは、このほかにもコンスタンティノープル内、また帝国各地に聖堂を建設した。彼がまだユスティヌスの副帝だった頃に建設あるいは再建した教会堂は八つあったことが知られている。それには、ブラケルナエの聖マリア、また聖ペトロと聖パウロの聖堂が含まれた。聖エイレネ聖堂も、やはりニカの乱時に焼け落ちていたが、再建された（しかし五六二年に再び火災で焼け落ちてしまった）。コンスタンティヌス帝によって創建された聖使徒教会は、歴代皇帝の墓所であったが（一〇二八年没のコンスタンティノス八世〈在位一〇二五－二八年〉まで埋葬された）、これもユスティニアヌスの治世に再建された。聖セルギオスと聖バッコスの聖堂（現存する）は、五二七年から五三六年の間に建てられている。

キリスト教皇帝としての当為

帝国全土に目を広げても、多くの聖堂がユスティニアヌス自身の手で建設されたが、五世紀以来、皇帝以外の有力者たちによってもキリスト教の聖堂が建設されていた。これらの聖堂には、慈善活動を行う諸施設が付属することが多かった。何より重要だったのは、それらの運営に皇帝が財政制度上の支援を与えたことだった。

聖堂で行われる聖務、慈善施設で営まれる社会救済活動には、いずれの施設にあっても、運営を担う聖職者のための給与が必要だった。それらを支えるために、財源もまた併せて寄進されるのが常だった。寄進財としては、土地、建物(家屋)、あるいはまた家畜、そしてまれに現金が見られる。農業生産や建物の賃貸から得られる収入が、教会施設の運営をまかなう財源となったのである。

皇帝自身の寄進による一般的な建築活動と、有力市民らによっても担われた聖堂その他の教会施設の建設、そして、諸施設での慈善(福祉)活動が、全体として社会基盤の強化につながっていた。それらの営みに対し、皇帝は帝国財政から支援を与えた。歴代皇帝に見られるこの恩顧は、『ユスティニアヌス法典』や『新法』において完成する。ユスティニアヌスが、一連の制度的対応を最終的に整備したことが法典からわかるのである。

キリスト教会機構は、かつて都市の有力者たちが担っていた社会機能を肩代わりするようになっていた。といって、かつての都市有力者層が没落し、消滅したと考えるのは軽々である。彼らは、それまでのような共同体的な行動をとることに代わり、いまやキリスト教の信者として神への寄進を行うようになっていた。ある者は自らの聖堂をもつことを志向し、ある者は公教会機構の財産の強化に寄与したのである。これらの市民の行為を、皇帝は財政制度上の優遇措置によってプロモートした。

ユスティニアヌスは、三八年にわたる治世において、いわば「世界」の秩序と安寧に心を砕いたのだった。

「古代社会の転生」

ここで、以上の社会的変化と、この時代に完成したキリスト教ローマ帝国の社会経済システムが、ローマ社会の担い手の変化を示していることについて付言しておこう。

「古代地中海世界」の社会は、各都市の参事会員層が自らの資産から得られる富を応分に拠出して成り立つ都市財政によって営まれていた。『ユスティニアヌス法典』に採録された皇帝勅令は、クリアーレスと呼ばれる都市参事会(クリア会)のメンバーたちによる都市の自治について伝えていた。道路、水道、橋梁の建設または補修(公益的な建築活動)、あるいは年間を通じて何度も開催された宗教祭儀や、闘技場、劇場での催し物の提供(市民的娯楽)、またその折りに振る舞われた市民への饗応についての経費が、この都市財政によって支えられていたことを伝える。

ところが、一八世紀以来のいわゆる古代史学は、四世紀の経過のなかで都市参事会員層の「没落」が検知されるとしてきた。エドワード・ギボンの『ローマ帝国衰亡史』(第一巻が一七七六年刊行)などに見られる論調が、その後のヨーロッパ史の基調をなしてきたことはよく知られている。

例えば、背教者と呼ばれ異教の復活に向けて努力した皇帝ユリアヌス(在位三六一―三六三年)は、東方戦線での前線基地としてアンティオキアにしばしば逗留したが、この早期にキリスト教化したヘレニズム都市の参事会員数が減少していることを嘆いている。そして新規に二〇〇名の増員を命じた。しかし、減少傾向には歯止めがかからなかったようで、この町の異教徒の弁論家リバニオス(三九三年頃没)は、テオドシウス一世治世のこととして、四世紀初頭には六〇〇人いたクリアーレスが六〇人になったと証言している。史料に看取されるこの都市有力者層の減少は、「古代社会の没落」を示す指標とされてきた。

しかし私は、「古代社会の転生」があったと理解する。

アンティオキアは、紀元前六四年にローマ軍勢の軍門にくだったとはいえ、ヘレニズムの名門都市であった。反ローマ的気質は、ギリシア祭儀の継続にも一貫して見られたが、その気質は、四世紀になるとキリスト教徒の増大となって表れていたのである。

古来の都市参事会員層は、いまやキリスト者としての振る舞いに行動を転換させていた。ある者はキリスト教会の司祭となり、主要な都市に置かれた主教(司教)にもなっていった。そのなかには、説教をはじめとする著述を行い、知識人の教父として歴史に名を刻む者も登場した。つまり、都市の有力者たちもまたキリスト教徒となっていったのである。

在俗信徒として過ごす場合も、彼らのイエ経済から得られる富を、いまや都市の自治に向けることから神への寄進へとシフトさせる傾向が強まっていた。四世紀以降のキリスト教聖堂、修道院、慈善諸施設の叢生、また各施設の資産の増大に、時代の傾向は見てとれる。

キリスト教会機構は、各都市の社会福祉的機能をも含んで市民の安寧を担うこととなった。主教(司教)たちは、日常的な市民生活にとって中心的役割を担い、それぞれの都市の司法を担うこともあった。教会の活動は、帝国財政から減免税措置を与えられることで、公共的あるいは国家的な機能を帯びることとなった。少なくとも、それぞれの教会活動にとって、皇帝の恩顧は大きな支えとなっていった。五世紀から六世紀に進展し、ユスティニアヌス帝治世に完成するこの社会経済構造の転換は、その後のヨーロッパ世界をその基層において規定していったのである。

三　カール——世界統治の理念

皇帝戴冠

八—九世紀のフランク王カールは、ヨーロッパ史のなかで傑出した存在とされる(図3)。それは何より、現在のドイツ、フランス、イタリアの基礎となった各地域を名実ともに統合したからである。まさに現代の私たちが理解する「ヨーロッパ」の重要な部分の歴史が、カー

図3　カール大帝（アルブレヒト・デューラー作，1511-13年）

ルの時代に始まると理解されている。

八〇〇年一二月二五日、彼は都市ローマの聖ペトロ聖堂で教皇レオ三世（在位七九五－八一六年）から「皇帝」として戴冠された。この事実は、それを伝えるカール周辺の記事における論調によって、まさに栄光ある出来事として後世に伝えられた。カールの評価には、この皇帝としての戴冠に西ヨーロッパ世界における「ローマ帝国の復活」を読み取った後のヨーロッパ人の想いが反映されている、といわなければならない。

私たちは、事実にまつわる同時代人の評価を含んで歴史を理解しているものだ。そう考えると、なぜ同時代人がカールを偉大なる皇帝（大帝）と称賛したのだろう、と問うことも必要であろう。そのためには、フランク王国に内在する要因分析とともに、先立つ時代のヨーロッパの全体事情をも顧慮する必要がある。その際に何より考慮すべきは、七世紀以降のアラブ人によるイスラーム国家建設の動きであると私は考えている。

フランク王国の基礎固め

まずは、カール登場以前のフランク王国の動向を確認しておこう。

フランク王国は、ゲルマン諸部族国家の最終的な生き残りであった。ローマ文明がガリアに進出してできたガロ・ローマ文化のなかに彼らは社会を営んだ。現地化したローマ人と交わり、彼らとの共生のなかで生活圏を築いていった。特に王クローヴィス（在位四八一―五一一年）がカトリックの信仰に改宗し（四九二年。アリウス派から改宗した最初のゲルマン人王）、キリスト教会を保護したことの意味は大きい。王国内でのキリスト教会の布教活動に貢献することとなり、これが領域支配にとっても大きな意味をもった。「キリスト者の共同体」という観念は、在地のローマ人との平和的共存を担保したばかりか、さまざまな支族から成っていたフランク人社会の内部的結びつきをも強める新たな組織原理となったとされる。

フランク王国は、ブルグント王国の併合（五三四年）を経て、ガリア南部からライン川流域までの広範な地帯を統合した王国として命脈を保つ。ユスティニアヌス帝と同時期に進行したこの西方でのフランク王国の歴史は、のちのカールの時代にとっての基礎となった。

アラブ勢力とフランク王国

よく知られるように、七世紀、アラブ社会に預言者ムハンマドが出てアラブ・イスラーム国家が誕生した。彼らの暦は、アラビア半島の都市メディナにウンマ（イスラーム共同体）ができたヒジュラ（移住）の年、つまり西暦でいえば六二二年を元年にしている。

アラブ族がイスラームの信仰を得て自らの国家建設に入ったことは、キリスト教世界となった地中海＝ヨーロッパ世界にも大きく影響した。イスラーム勢力は、地中海岸地帯に進出し、シリア、アナトリア地域などビザンツ勢力との攻防が始まる東地中海地域ばかりか西北ヨーロッパにも及んだ。北アフリカを西進したイスラーム勢力（ウマイヤ朝軍）は、やがてイベリア半島に進出、七一一年にトレドを占領して、西ゴート王国を滅亡させる。やがて彼らはガリア地方にも侵攻し、ボルドーからロワール川流域の重要都市トゥールにまで迫った。

このとき、フランク軍を指揮してイスラーム勢力の侵攻を食い止めたのが、宮宰カール・マルテルだった。ときに七三二年、トゥール・ポワティエ間の戦いでの勝利である。この戦いで、ウマイヤ朝軍を指揮していたイベリア知事アル＝ガーフィキーは戦死、アラブ勢力の主力軍はピレネー山脈の西側に退却した。マルテルはトゥール・ポワティエ間の戦い後も積極的な外征を行ったが、ガリア南部（プロヴァンスやセプティマニア）に残っていたアラブ勢力の抵抗も手強く、しばらくは一進一退の状態が続いた。

カロリンガー王国の誕生

そのような状況のなかで、メロヴィング家の国王テウデリク四世（在位七二一－七三七年）が後継者を指名しないまま亡くなり、王国は王位空白期となった。すでに王国の実権は完全にマルテルの手中にあったが、彼もやがて七四一年に没する。マルテルが死去すると、宮宰職は二人の息子、兄カールマンと弟ピピンに継承された。兄カールマンがアウストラシアの宮宰、弟ピピンはネウストリアの宮宰を務め、彼らは七四三年に、メロヴィング家のキルデリク三世を国王に擁立する(在位七四三－七五一年)。その後、七四七年に兄カールマンが自ら修道院での隠棲を望んでアウストラシア宮宰を辞したため、王国宮宰としての全権がピピンの手に握られることとなった。

王国の実権を掌握したピピンは、ローマ教皇ザカリアスに問いかけ、「実権をもつ者が王となるべき」との回答を得て、七五一年一一月、ソワソンでフランク族の貴族たちによって王に選出された(ピピンのクーデタ)。マインツ大司教ボニファティウスによって塗油され、ここにカロリンガー王国(カロリング朝)が誕生した。

ピピンは王国の領域を拡大することに努力した。その結果、ピピンの権威はクローヴィス以来もっとも高揚していった。特にイタリアのランゴバルド王国(五六八－七七四年)を征服し、支配領域に収めたことは、彼の権力と権威の上昇に大きく作用することとなった。

ラヴェンナ事情とピピンの寄進

ランゴバルド王国には、都市ラヴェンナが含まれていた。同地は四〇二年以来、ビザンツ帝国のイタリア統治の拠点として総督府が置かれていた。東ゴート王国時代(四九七―五五三年)になるとその首都となったが、王国滅亡後、再びビザンツ皇帝の支配下に戻っていた。つまり、ラヴェンナ領内はローマ司教(教皇)の管轄から独立しており、ビザンツ皇帝の宗主権のもとにあったのである。

ローマ教皇ザカリアス(在位七四一―七五二年)は当初、ランゴバルド人の脅威を排除するために、ラヴェンナ総督府を通じてビザンツ皇帝に期待していた。ところが、七五一年、ラヴェンナはランゴバルド王アイストゥルフ(在位七四九―七五六年)によって占領され、ビザンツ側の総督府は消滅してしまった。ランゴバルドの脅威に対し、ローマ教皇はカール・マルテルにイタリア介入を要請してきた経緯があったが、マルテルは、ランゴバルド王との同盟を優先してイタリア遠征をしなかった。しかし、七五一年のピピンのクーデタによって事態は変わっていた。教皇ザカリアスがピピンの王位に正当性を与え、七五三年には、ザカリアスの後継教皇ステファヌス二世(在位七五二―七五七年)がピピンのもとを訪れたことで、ピピンの遠征が実現する。

ローマ教皇による一連の行動により、ピピンの権威はさらに増すこととなったが、これへの見返りとして、ピピンはアイストゥルフによって支配されていた旧ラヴェンナ総督領（エミリアロマーニャ、ペンタポリス）とローマ公国領を占領し、七五六年にこれらの土地を教皇に寄進した。ピピンの後を継いだカール（フランク王在位七六八―八一四年）も、七七四年に改めて寄進を行った。

カールの戴冠を伝える史料所言

『ローマ教皇伝』*Liber Pontificalis* という史料がある。その記事によれば、七九九年四月二五日、教皇レオ三世が、ローマで反対派の暴漢に襲われる事件が起こった。庶民出身のレオによって奪われた影響力を取り戻そうとするローマ貴族による仕業と考えられている。鼻を削《そ》がれ、命からがら窮地を脱したレオ三世はアルプスの北に逃れる。カールは七月末にパーダーボルンでレオと会談、その要請によりカールは、五度目のアルプス越えをすることになった。『ローマ教皇伝』は、カールとレオの会談がこう決着したと伝えている。

多数の大司教、司教その他の教会人の意見にもとづき、いとも信仰心篤き王の承認とすべてのフランク人有力者の同意を得て、教皇が敬意をもってローマへ送り返されることが了解された。

『ローマ教皇伝』は、教皇レオ三世が麗々しくローマに帰還し復職して、教皇の権威には何の変化も生じなかった、と伝える。同行したフランク王の側近らは、ローマ到着後、直ちに調査を始め、教皇の敵対者たちを捕縛してフランキアに護送した、と。

パーダーボルンでの会見と皇帝戴冠。これら二つの出来事のあいだの事態の展開については、フランク王側に立つ史料、つまりレオ三世を擁護する立場の記事しかないために、じつのところ実態はよくわからない。ともあれ、パーダーボルンでの会見によって実現したカールのイタリア遠征は、翌八〇〇年一二月二五日のローマの聖ペトロ聖堂での皇帝戴冠においてクライマックスを迎えることとなった。

もう一つの同時代史料『フランク王国編年史』*Annales regni Francorum* には、その日の模様がこう書かれていた。

聖なるクリスマスの日に、国王がミサのために、至福の使徒ペトロの墓前での祈りから立ち上がったとき、教皇レオは冠を彼の頭に授けた。そして、彼はすべてのローマ人民により歓呼された。「至聖なるカール、神により戴冠されたる偉大にして平和を許すローマ人の皇帝に命と勝利を!」と。そして、讃歌ののち、彼は教皇から古き皇帝の慣行に従った崇拝を受け、爾来、彼はパトリキウスの称号をやめて、皇帝と呼ばれた。

この皇帝戴冠をめぐっては、カール側に積極的に受け入れる姿勢があったかどうかわからない。エインハルドゥス『カール大帝伝』*Vita Caroli Magni*（八二六年頃）は次のように伝えている。

そのためローマに行き、そこに冬滞在して、たいそう乱れていた教会内部の状態を、正常に戻したのである。このときカルロス〔カール〕は、「皇帝」と「アウグストゥス〔尊厳者〕」の称号を受け取った。彼はあとでこう断言したほどに、はじめは固くこの称号授与を辞退したものである。「あの日がたとい大祝日であったとしても、もし教皇〔レオ〕の意図をあらかじめ推察できていたなら、あの教会にのこのこ踏み込んだりはしなかったろう」。

ビザンツ皇帝との軋轢

カールの戴冠は、イタリアからイストリア、ダルマチア地方の支配をめぐる緊張とともに、ビザンツとの軋轢を生んだ。エインハルドゥスは、上記の記事に続けてこう記していた。「それはともかく、称号を受け取ったために叱責され、たいへんな忍耐力でこれを我慢した。つまり東ローマの皇帝たちが、これに腹をたてたのである。彼は、皇帝らにたびたび使節を送り、手紙で彼らを兄弟と呼びながら、雅量によって彼らの頑迷にうちかった。この高潔な魂によって、疑いもなく彼は遥かに彼らより優っていた」。

この外交上の問題は、ビザンツ女帝イレーネとカールとの結婚話まで持ち出されて解決策が模索された。もっとも、折り合いを付ける方向で動き出したのは、イレーネを廃して元財務官僚ニケフォロス一世(在位八〇二–八一一年)が即位してからだった。最終的に情勢が落ち着いたのは、ニケフォロス後に皇位を継いだミカエル一世(在位八一一–八一三年)の治世になってからで、ミカエルは、アーヘンからの使節を受け入れ、彼らが帰還するのに特使を同行させた。

このビザンツ使節団は、アーヘンでカールに接見して和平証書を受け取り、アーヘンの聖堂(図4)においてギリシア語で讃歌を歌い、カールを「皇帝」imperator et basileus と呼んだのだった。彼らはコンスタンティノープルへの帰途、ローマで教皇レオ三世からもこの和平証書についての確認を得ている。

図4　アーヘン大聖堂

フランク王と従者団

「戴冠」をめぐって生じた東西宮廷間の軋轢を、さらに深く見ていこう。ピピンとカールがローマ教会との関係構築を推し進めた八世紀は、フランク国家の統治と運営において王と貴族の関係が変化した時代だった。ゲルマン古来の考え方によれば、貴族は王の従属者というより協力者だった。有力貴族は、王にあまり奉仕せず、自らの利益（領土拡大等）を追求することがほとんどで、王の側も彼らの忠誠を買おうとして土地をその所有権ごと与えることが多かった。征服によって得られた王領地（旧ローマ帝国領）の多くが、こうして貴族層の手に渡っていた。

カロリング家は、メロヴィング朝の諸王のもとでこうして領地を拡大し、多くの家臣団をもって実力を蓄えた家門だった。やがてカロリング家は王国の実権を握り、前述の「ピピンのクーデタ」を実行する。ピピンは、このゲルマン古来の王と貴族の関係を変える。そのとき大きな役割を果たしたのが、キリスト教会との関係構築だった。王権に超越的な神権的性格を与えることで、王そのものの存在を同輩者中の第一人者の地位から、超越的な地位に引き上げることに成功した。ローマ教皇による塗油の儀式は、王のこの超越的地位を担保したのである。

これには、すでに触れたビザンツ帝国との緊張関係における、別の側面が影響していた。

イコノクラスムとフランク社会

八世紀後半のビザンツ帝国では、聖画像破壊論《イコノクラスム》が収束していなかった。イサウリア朝の初代皇帝レオン三世(在位七一七―七四一年)が七二六年に偶像崇拝禁止令を発布して以来、同朝の歴代皇帝はこの政策を維持してきた。この政策は、聖画像《イコン》を布教の要具としてきた西欧の教会にとっては大きな問題となっていく。ピピンの治世に入り、フランク王国はイタリアとの関係を深めるなかで、イサウリア朝の歴代皇帝によるこの聖画像禁止令と対峙することになった。

教皇ザカリアスは、前述のように宮宰ピピンにフランク王位継承の正当性を与え、カロリング家と同盟関係を結んだ。ピピンとローマ教皇との同盟はランゴバルド族への牽制となったものの、やがてランゴバルド族はローマを侵略するようになる。後継教皇ステファヌス二世はフランキアに赴き、ピピンにパトリキウスの爵位を与え、ランゴバルド討伐の要請をした。

フランク王とローマ教皇の関係構築に伴い、イタリアでのビザンツ帝国の立場は次第に悪化していった。教皇選出の結果は、コンスタンティノープルの皇帝に通知し、その承認を受けることとなっていたのだが、その通知が行われたのはグレゴリウス三世(在位七三一―七四一年)が最後となる。ローマ教会は、パウルス一世(在位七五七―七六七年)の教皇即位を、コンスタンティノープルにいる皇帝にではなく、フランク王に知らせた。

ハドリアヌス一世(在位七七二―七九五年)の在任期に入ると、さらに深刻な方針転換を示す事態が生じる。従来、教皇庁が発給する文書には皇帝の在位年を記載するのが通例だった。しかし、慣例に沿った文書は七七二年をもって最後となる。次に確認される七八一年発給の文書では、皇帝の代わりに「イエス・キリストの御代」による紀年書式が採られていた。ハドリアヌス一世は、このほか貨幣にビザンツ皇帝の名ではなく自分の名前を刻ませた。ローマ教会側のコンスタンティノープル宮廷に対する態度は明らかだった。

コンスタンティノス六世（在位七八〇―七九七年）が幼くして皇帝になると、母后イレーネが摂政となった。彼女は聖画像崇敬論者で、ビザンツ宮廷内でも次第に聖画像破壊論に反撃を加えていくとともに、フランク王国に対しても有和策を画策していった。七八一年にアーヘンの宮廷に使者を送り、カールの庶出の娘ロトルードとコンスタンティノス六世の結婚を提案した。フランク王側にとっては、この提案はフランク王権をビザンツ皇帝と対等に結びつける好機になると受けとめられた。ロトルードのもとには「ギリシア語とギリシアの文芸およびローマ帝国のしきたり」を学ぶため、ギリシアから教育係が送られている。

もっとも、フランク王とビザンツ皇帝の関係も七八七年には一時的に悪化してしまう。カールの軍勢が南イタリアに進み現地の諸侯を服属させたことで、イレーネは反撃に出た。南イタリアへの宗主権を主張するビザンツ側にとって（テマ・カラーブリア、テマ・シキリアという行政管区を保持していると認識していた）、フランク王による同地の実効的支配は自らの伝統的支配権に直接さわることだったのである。

事態を受けて、コンスタンティノス六世とロトルードとの婚約は直ちに破棄された。両者はまだ幼かったが、コンスタンティノス六世はアーヘンから送られてきたロトルードの肖像画を見て、婚姻を強く望んだと伝えられる。しかし、おそらく聖画像崇敬問題での対立もあって、母后イレーネによってクーデタが起こされる(七九七年八月一九日)。息子コンスタンティノス六世は廃位され(目を潰され修道院に幽閉)、彼女自らが帝位に登ったのである(在位七九七年八月一九日―八〇二年一〇月三一日)。

カールが皇帝として戴冠される八〇〇年段階で、アーヘンとコンスタンティノープル、またローマ教会をめぐる情勢は以上のようであった。フランク王とビザンツ皇帝のあいだには、聖画像崇敬問題の収束に伴って宥和の方向性が模索されていた。そのなかで行われた「戴冠」には、エインハルドゥスが伝えるように、ローマ司教(教皇)側の思惑があった可能性を想定するのが穏当だろう。

「帝国」意識の発露

第二ニカイア公会議(七八七年)は、イレーネによって召集された全地公会議である。この公会議では、ニカイア公会議(三二五年)の決議が帝国の法として宣明されるとともに、聖画像《イコン》崇敬復活が宣言された。この会議は、キリスト教世界の全地(全世界)から主教(司教)が召集されたものの、フランクの司教が招聘されることはなく、フランク教会はこの会議の決議に異論を唱えていた。

カールの名のもとに七九一年から七九二年に作成された『リブリ・カロリニ』*Libri Carolini* は、明らかにビザンツへの対抗措置であった。

『リブリ・カロリニ』は、国王勅令という最高の法行為のかたちを採って、「このうえなく高名にして秀逸、尊敬すべき、神の恩寵によりてフランク人の王たる」カールの立場を伝えていた。この王は「ガリア、ゲルマニア、イタリアおよび隣接する地域を統《す》べる者」だった。

称号に含まれる地理的表現がローマ帝国西半部の多くを覆っていることにより、カールが「世界」を統治する皇帝たるにふさわしい存在との自意識が表明されていた。同書には、カールの宮廷で共有されていた「帝国」理念が表明されてもいた。

旧約聖書(『ダニエル書』第七章など)に典拠をもつ四世界帝国継起論(四世紀のエウセビオスの解釈によれば、アッシリア、メディア・ペルシア、ギリシア、ローマであり、最後の帝国ローマが滅んだとき「世界」もまた滅ぶとする説)にもとづき、これらの帝国が、無信仰、偶像崇拝、残忍さによって滅んだとする。そしてビザンツ帝国が皇帝礼拝という偶像崇拝を行っているとする。もっとも、ここでビザンツ帝国が否定されることはない。第二ニカイア公会議がギリシア諸教会の地方会議であったのに全地(全世界)を標榜することに疑義を呈し、コンスタンティノス六世とイレーネの傲慢さとともに、ビザンツを「ギリシア人の帝国」と呼び、全世界の教会を支配することはないとして、その普遍性を認めないのである。

カールは「新ダヴィデ」として人びとを霊的生活に導く役割を神から与えられた、とされる。神から直接霊感を与えられたダヴィデは「王にして司祭」の象徴であり、いまやカールがこの役割を果たしている、とフランク教会の聖職者らは顕彰するのだった。これらの政治的・文化的気運は、ビザンツとの抗争が始まった七八七年頃から起こり、七九〇年代に高まっていった。

ゲルマン語には「帝国」という語は存在しなかった。richiという語が「王国」と「帝国」の概念を併せもつものとして使われた。他方「皇帝」casereは、ギリシア語、ラテン語からの移入語であった。帝国、皇帝という語は、キリスト教的な世界観におけるローマ帝国理念と不可分に結びついていた。これは、四世紀から六世紀のビザンツ帝国で鍛え上げられた観念であったが、フランクの宮廷人にも概ね「キリスト教的文明共同体」の意味で受けとめられていたと見てよい。キリスト教徒の帝国という観念は、『リブリ・カロリニ』のなかでその地理的枠組みとともに語られている。ビザンツ帝国はキリスト教会の防衛において十分に働いていない。これに対し、カールの支配する地域は、本来のキリスト教ローマ帝国の伝統に近い、との理解が示されていた。

他方、カールの呼称にも、八〇〇年の戴冠前後で変化が認められ、八〇一年五月に書かれた文書では「神により戴冠されたる、いとも崇高にして尊厳なる者、偉大にして平和の擁護者たる皇帝、ローマ帝国の統治者、神の慈悲によりてフランク人とランゴバルド人の王」と「皇帝」呼称が挿入されていた。

アーヘンの宮廷文化

こうした経緯のなかで、フランク王国の文化意識が高揚したことは、王都アーヘン（エクス＝ラ＝シャペル）での宮殿・礼拝堂の建設にも見いだせる。長らく移動宮廷に暮らしてきたフランク王にとって、アーヘンは不動の居所として構想された。王宮には優美な礼拝堂が付設され、八角形の集中形式で建てられた建物は、ラヴェンナのサン・ヴィターレ聖堂を手本にしたとされる。この聖堂はコンスタンティヌス大帝によって建てられた聖使徒教会を模したとされるので、アーヘンの礼拝堂にはビザンツの建築様式の模倣が見てとれることになる。「第二のローマ」は、コンスタンティノープルに使われた呼称だったが、この段階でカールの周辺には、アーヘンを「第二のローマ」として構想する者も出た。

カールの王国を「キリスト教帝国」Imperium Christianum と呼び、カールの王権がキリスト教徒の共同体(世界)すべてを包みこむものとして称揚した人びとの中心には、ヨーク出身の修道士アルクィン(七三五頃―八〇四年)がいた。このほかに、『リブリ・カロリニ』を執筆したと想定されるオルレアンのテオドゥルフや、パウルス・ディアコヌスなどが、宮廷でカールを「新ダヴィデ」と呼び、古代イスラエル王国の最盛期(紀元前一一―一〇世紀)に擬《なぞら》えていた。アルクィンらを中心に、カールの宮廷でキリスト教的な世界観が共有されていたことは、カールが大帝といわれるまでに勢力的に活動したことの背景として注意されてよい。そこには、「世界」を救済するキリスト教皇帝としての使命感も含まれていた。

大帝 Magnus と称されたカールは、八一四年一月二八日、アーヘンの宮廷で死去した(享年七二)。カールの時代は、西ローマ帝国の故地と支配領域がほぼ重なった点でも、世界統治理念が醸成された点でも、カロリング朝フランク王国にとってばかりでなく、ヨーロッパ世界の形成を考える上でこのうえなく重要な画期になったといってよい。

彼の後継者たちの時代にあっても、フランク王国には自らを「世界」の秩序を護持する使命を帯びたローマ帝国として任ずる努力が見られた。しかし、フランク社会の均分相続慣習によって、この社会は常に分裂の契機をはらんでおり、八七〇年には最終的に東フランクと西フランクの両王国に分裂してしまう。

四　オットー一世――教会と王国支配

カロリング朝の断絶とザクセン朝

カールの没後、フランク王国ではやがてカロリンガーの血統が途絶えていく。ライン流域とイタリアの管轄権を担ったロタールの男子の血筋は九世紀後半に途絶え、東西王国においても一〇世紀には断絶することとなる。

東フランクにおけるカロリング朝の王統も、九一一年にルートヴィヒ四世（在位八九九―九一一年）の死去をもって途絶えた。同国の有力者たちはルートヴィヒの甥だったフランケン公コンラート一世を王に選出したが、彼は戦傷がもとで九一八年五月に死去する。コンラートが死の床にあって後継者として遺言したのが、ザクセン公ハインリヒ一世だった。こうしてハインリヒは諸侯により国王に選出された（東フランク王在位九一九―九三六年）。フランケン人以外の出自をもつザクセン朝が開かれたことは、フランク王国の国制にとって大きな転機となった。

オットー一世の登場

大帝と呼ばれることになるオットー一世（東フランク王在位九三六―九七三年、図５）は、ハイン

図5　オットー1世（ストラスブール大聖堂，12世紀制作のモザイク画）

リヒの次男だった。父王が九三六年七月二日に没するに際し後継指名を受け、諸侯によりアーヘンの宮廷聖堂で国王選挙と即位の儀典が行われた。コルヴァイのヴィドゥキントによれば、オットーは聖職者より塗油を受け、神権的支配者としての権威を内外に示したという。父ハインリヒとはちがい、単に有力者間の第一人者としてではなく、神意にもとづく神的権力の執行者として振る舞おうとしたのである。アーヘンの王宮でカール大帝の玉座に登ることで、オットーの王国こそカールのフランク王国の正当なる後継者であるとともに、王国がもはや分割可能な王家の支配する所有物ではなく、単一の王権のもとに統一されたかたちで存在すべき、不可分の客観的形象であることを内外に示した。

ところが、国内諸侯（フランケン、ロートリンゲン、バイエルンの大公たち）は、オットーによるこの王国統治の理念とその実現に従おうとせず、反乱を起こした。内乱は九三九年までに平定されたものの、この騒乱を経てオットーは、教会人を重用する政策をとるようになる。

他方、オットーはマジャール人との戦いで支配権を強めることとなった。九五五年、東方から侵入してきたマジャール人をレヒ河畔のアウクスブルクにおいて攻撃する。自ら軍勢を率いてこの事態に対応し、戦局も好転して最終的に勝利を収めた。このレヒフェルトの戦い(八月一〇日、マジャール人をレヒフェルト平原で撃退した)における勝利で、オットーは「キリスト教国を救った聖戦士」として称えられることとなった。それは、国内での王の威信を高めるとともに、結果として帝冠への大いなる一歩となった。

オットーは、九六二年に都市ローマで戴冠され「皇帝」となる。このオットーの帝国にあっては、皇帝の官房長官はケルン大司教、皇太子であるイタリア王の官房長官はマインツ大司教が務めることとなる。そして、それぞれの大司教に皇帝の近しい親族が就いたことで、この帝国教会制度は王国支配の骨子となった。

イタリア遠征とイタリア事情

前述の通り、オットーは九六二年二月二日に教皇ヨハネス一二世(在位九五五―九六四年)によって都市ローマで皇帝とされた。この戴冠に至るまでには、イタリア事情、そしてローマ皇帝の称号をめぐるビザンツ帝国との交渉を含む複雑な政治過程があった。

九世紀末から一〇世紀前半にかけて、イタリア王位をめぐる争いがあった。当時、イタリア

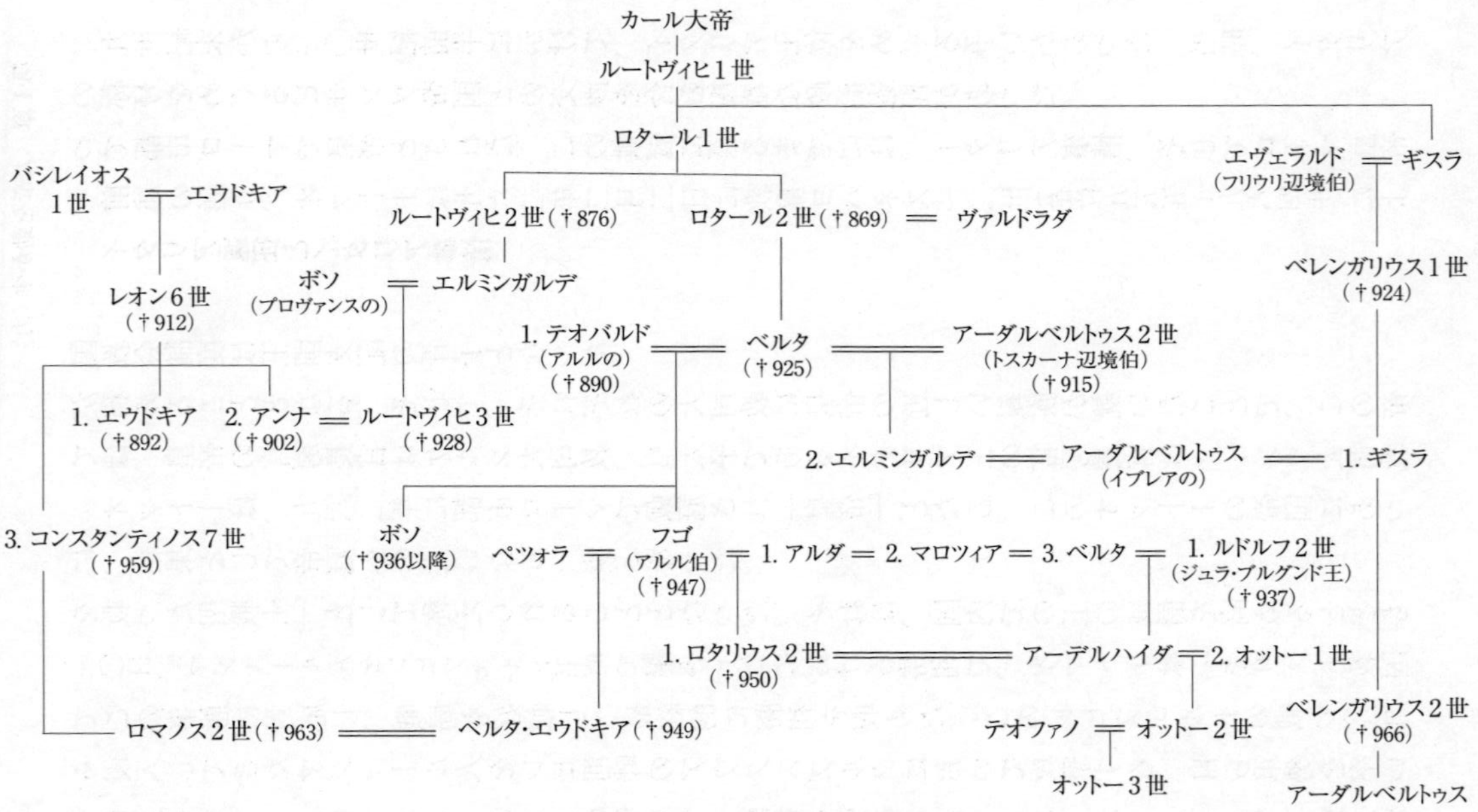

図6　9-10世紀イタリアをめぐる系図（†は没年）

王はフランク系の二つの家門から出ていた（図６）。九世紀末の段階では最終的に、フリウリ辺境伯ベレンガリウス一世（九二四年没）が北東部の本拠地から出て、八九八年末までにイタリア王の地位を確保していた。八九九年秋までに、東フランク王ルートヴィヒ二世（八七六年没）の孫であるプロヴァンス伯ルイ三世（九二八年没）が、ベレンガリウス一世のライバルとして名乗りを上げたが、紆余曲折の末、九〇五年、ベレンガリウス一世によって捕らえられ、目を潰されたのち、後半生をプロヴァンスで何の後ろ盾もなく過ごしている。

その後、ルイの従弟フゴ（アルル伯フゴ）が、ときの教皇ほか数名の貴族たちの協力によって王位に就いた。フゴは九二六年から九四七年の間その地位を保持したが、九四七年、ベレンガリウス一世の孫であったイヴリア侯ベレンガリウス二世が台頭し、フゴの廃位に成功する。そして、自身を実質的な支配者としながら、フゴの息子ロタリウス（ロターリオ）二世を王位に就けた。ところが、フゴが九四七年に没するとともに、ロタリウス二世も九五〇年に死去してしまった。こうしてベレンガリウス二世は、九五〇年一二月、息子アーダルベルトゥスとともに共同王として登位した。

ロタリウス二世の寡婦アーデルハイダの懇請によりイタリア遠征したオットーは、このベレンガリウス二世とアーダルベルトゥスを打倒し、九五一年九月にパヴィアで臣従礼を受けたのだった。

他方、この時期の教皇たちは、都市ローマの貴族とローマ教会の高位役職者とからなる緊密で小さなサークルより選出され、また頻繁に入れ替わっていた。八八二年のマリヌス一世から九一四年のヨハネス一〇世までの三二年間に一五名、ヨハネス一〇世の死んだ九二八年からマリヌス二世の死んだ九四六年までの一八年間に六名の教皇を数えた。

九二〇年代以降、ローマ市と教皇庁は、次第にテオフュラクトゥス家の支配のもとに置かれるようになっていた。同家の娘マロツィアは、父テオフュラクトゥスの指示で、数度の結婚をする。相手は有力諸侯たちであり、最後はイタリア王であるアルル伯フゴであった。彼女は権勢をほしいままにし、息子のアルベリクス(九五四年没)とともにローマ市をほぼ思いのままに支配していた。

九五四年にアルベリクスが死去すると、彼の息子オクタウィアヌスが教皇権と公権を一身に帯びた(教皇ヨハネス一二世〈在位九五五―九六四年〉)。リウトプランドによるとこの教皇は無能で、北からローマに進出したベレンガリウスと組んだ内部の敵に取り巻かれて、オットーに援助を求める始末であった。オットーはこれに応じて九六二年二月にローマに入城し、この教皇より皇帝として戴冠されたのだった。

もっとも、この皇帝戴冠はローマ内では不評で、オットーに対する相次ぐ反乱が起こった。そのもっとも深刻な暴動は九六五年に起こり、このときオットーの画策により就任していた教皇ヨハネス一三世(在位九六五―九七二年)が追放された。オットーはこの反乱を厳格な態度で鎮圧し、教皇を直ちに復位させている。

オットーはその後イタリアに滞在してその経営に腐心した。イタリア中・南部には、スポレート、ベネヴェント、カプア、サレルノ等ランゴバルド系の諸侯国があった(図7)。伝統的にこれらの諸侯はビザンツ皇帝の支配下にあった。しかし、オットーはこの地域に進軍し、九六八年三月には南イタリアにおけるビザンツ側の守備隊が駐屯する都市バーリを攻囲する。このとき膠着した戦局の打開を図るために、クレモナ司教リウトプランドの使節が帝都コンスタンティノープルに派遣され、ビザンツ皇女の降嫁を打診したのだった。

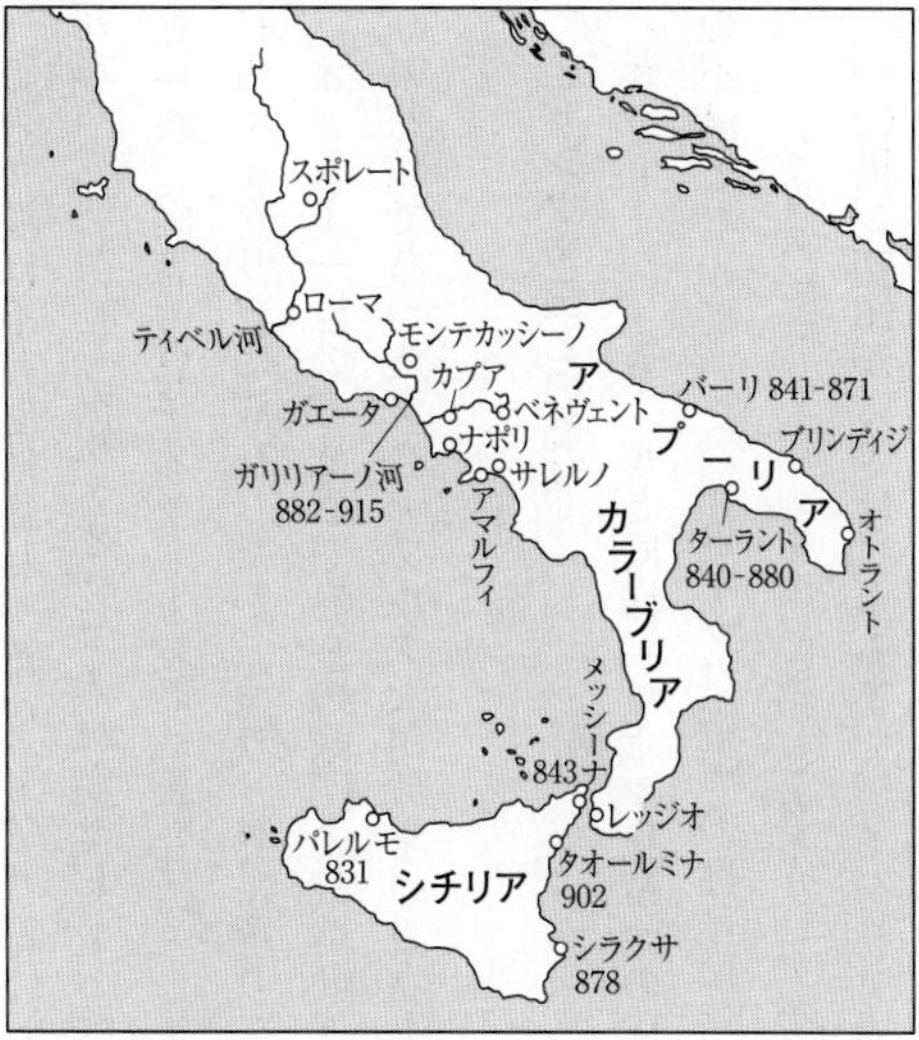

図7　9-10世紀の南イタリア(数字はアラブ人による占領期間)

この交渉は不首尾に終わったが、九七二年、ビザンツ皇帝ヨハネス一世ツィミスケス(在位九六九―九七六年)の姪テオファノがオットー二世(在位九六七―九八三年)の后としてアーヘンに赴いた。両者の息子オットー三世(在位九八三―一〇〇二年)は、古代ローマ帝国の復興を夢見て長らくイタリアに滞在したが、マラリアに罹り二一歳で亡くなった。

オットー一世の意欲は、自らの家門の故地ザクセンの東北部にも広がっていった。かねてよりの悲願であったマクデブルク大司教座の設立を準備し、九六八年にこれを実現させた。

ビザンツ帝国との関係

オットーが、カールと同様「ローマ皇帝」の称号を帯びたことは、長いことビザンツ皇帝側の不満となっていた。「ローマ皇帝」の称号は、古代ローマ帝国の唯一の正統なる後継者たる「バシレウス」(六二七年の初出以降、このギリシア語呼称をとっていた)のものだったからである。

一〇世紀初頭から半ばに至るまで、イタリア周辺の諸王がこの称号を帯びることはなくなっていた。当時のイタリアにおける有力者といえば、アルル伯フゴやイヴリア侯ベレンガリウス二世がいた。しかし彼らも、イタリア王の称号は帯びたものの軍事的脅威になるほど強力ではなく、「皇帝」を僭称することはなかった。ビザンツ皇帝は、イタリアにおけるフランク系諸王と長いこといわば気楽に付き合っていた。ところが、オットーは軍事的脅威となるほどの実力をもち、実際に皇帝称号を帯びることとなった。

ビザンツ帝国側からすれば、「バシレウス」は「ローマ人の皇帝」としてただ一人存在するものだった。オットー一世の名代としてコンスタンティノープルに赴いたリウトプランドが、ビザンツ宮廷で受けた冷遇（『コンスタンティノープル使節記』）には、この皇帝称号問題へのビザンツ宮廷人の態度が反映されていた。

ビザンツ皇帝はまた、都市ローマに対して、またその他の諸公侯に対して宗主権をもつと考えていた。少なくとも八世紀初頭までは、都市ローマはビザンツ帝国の一部であった。それは、ラヴェンナ総督の権威のもと、一人の「公」によって統治されていた。しかし、八世紀半ばの教皇ザカリアス以降、ローマ教皇は東方の影響から離れていった。東西教会間の神学的主張もますます乖離していた。これらは全体として、ローマ・ビザンツ間の結びつきが脆弱になったことを意味した。ちなみに、「ローマ皇帝」としてローマに迎え入れられた皇帝は、六六四年のコンスタンス二世（在位六四一―六六八年）が最後となった。

八世紀終わりまでに、ローマとコンスタンティノープルとの結びつきは、実質的に崩壊していた。ところが、二〇〇年を経た一〇世紀後半にあっても、イタリア半島とりわけ都市ローマに対する正統な支配者であるとの意識はビザンツ人のなかでまったく風化していなかったのである。

五　黙示的文学の広がり

ビザンツ帝国にも出現した大帝

オットーの同時代、東地中海世界に目を向けてみよう。

当時は、長年にわたるイスラーム世界とのせめぎ合いからキリスト教世界が攻勢に向かう時代を迎えていた。九五〇年代から九六〇年代にかけて、ニケフォロス二世フォーカス(図8)が率いる軍団が、シリア・レバノン地方のアラブ・イスラーム勢力(ハムダーン朝)から、クレタ、キプロス、アンティオキアを相次いで奪回した。ニケフォロスは、この軍功により英雄視され、人気を博し、先帝ロマノス二世(在位九五九—九六三年)が夭逝すると、その未亡人テオファノ(バシレイオス二世の母)の再婚相手となる。そして、軍団、元老院、市民からの歓呼をもってコンスタンティノープルに皇帝として迎えられた(在位九六三—九六九年)。ちなみにビザンツ社会は、軍団、元老院、市民による歓呼 Acclamation をもって、皇帝に正当性を与える社会だった。

図8　ニケフォロス2世フォーカス

そのニケフォロスを暗殺して帝位に就いた甥のヨハネス一世ツィミスケスもまた、軍人出身の皇帝として帝国の拡大に努めた。バルカン半島地域においてキエフ大公の進軍を撃退し、ブルガリア東部も支配下に置く。ニケフォロス二世の治世より続いていたイタリア半島におけるフランク人との争いにも、九七二年に自身の姪テオファノをオットー二世の后として降嫁させることで講和した。

続く皇帝バシレイオス二世(図9)もまた、まずもって軍事活動を引き継いで活躍がめざましかった。ニケフォロス二世のおかげで東方戦線が比較的安定期を迎えていたなか、西方戦線でブルガール族を制圧するなど活躍し、「ブルガリア人殺し」の異名をとるほどその戦いぶりは苛烈だった。南イタリアにおいてもランゴバルド人を服属させるなど、東はシリア、北はドナウ川、南はクレタ島に及ぶ広範な版図を実現させることとなった。

図9　バシレイオス2世

バシレイオス二世は、四八年にも及ぶ長い統治期間において、国内での文化活動をも庇護している。対外的にも比較的安定したこともあって、同時代人から大帝と称され、また研究者たちはこのバシレイオス二世の治世をビザンツ帝国の黄金時代と評している。

バシレイオス二世、「正統なる皇帝」

バシレイオス二世は、ニケフォロス二世の先帝ロマノス二世の息子であり、八六七年以来のマケドニア朝に連なる「正統なる皇帝」だった。皇帝の在位中に皇后より出生した子供を、産室に敷き詰められた布地の色、すなわち緋色 Porphyro の名辞を添えて尊称することが、この社会の慣わしだった。「緋室生まれの者」という意味のポルフィロゲニトスの添え名が、その者の出自を言い表しており、彼もまた「緋室生まれの者」だった。

もっともこの社会では、血統によって皇帝位が継がれる政治原理は見てとれない。多くの場合において、実力と運で皇帝たちは帝位に就いていた。マケドニア朝の最初の皇帝であるバシレイオス一世(在位八六七―八八六年)も、マケドニア地方の農民の出身であったし、六世紀のユスティニアヌス大帝もまた同様であった。

バシレイオス二世の治世には、九八八年にキエフ大公ウラディミル一世がキリスト教の信仰(コンスタンティノープル教会の指導下にある正教信仰)を受け入れた。これは、バシレイオスの妹アンナがウラディミルに嫁いで実現したのだったが、直接的な帝国支配領域ではないものの、周辺諸民族に正教の教えが共有されることによって、彼らが考える「世界」の平和がもたらされたということになる。

この時期はまた、多くの修道院が設立されたことでも知られる。アトス山のラヴラ修道院

（九六三年創建）のパトロンともなったニケフォロス二世をはじめ、皇帝たちは、キリスト教会、修道院、慈善施設を設立し、またその運営を減免税等の財政的支援をもって支えた。修道院の叢生は、時代を特徴づける現象であった。

一〇世紀の東地中海世界におけるバシレイオス二世に至る歴代皇帝の事績は、まず何より軍事活動をもって語られる。同時代また後代に書かれた史料でも、帝国（ローマ帝国）の「秩序」の維持・回復についての言及が多い。この場合の「秩序」とは、帝国内外をすべて含む概念として登場し、それは私たち現代人の感覚からすると「世界」と同義であった。

一〇世紀という時代がもつ意味

ニケフォロス二世フォーカス、ヨハネス一世ツィミスケス、バシレイオス二世と続くビザンツ皇帝たちの事績は、ユスティニアヌス大帝にも比せられる英雄的行為として、今日のギリシアでは今もなお広く人口に膾炙《かいしゃ》する。治世の長かったバシレイオスは「大帝」と尊称された。多岐にわたる彼らの行為を動機づけ、衝き動かした力の源泉とは、いったい何だったのか。

この問題は、なにもビザンツ世界に限定されるものではない。カール戴冠の昔より「ローマ皇帝」の称号をとることは、西ヨーロッパ世界のゲルマン諸王にとってひとつの念願だったように見えるし、皇帝称号問題は、地中海を舞台とした国際問題ともなった。すなわち、「世界の秩序」に責任を負う者としての皇帝観は西ヨーロッパに出現した皇帝（大帝）たちにも共有されていたように思える。なぜ、そのような皇帝観が東西の政治指導者たちに共有されていたのか。

西欧世界の文脈にかぎって見れば、オットー一世が登場してからの皇帝権の帰趨は、彼らにとってきわめて重要な政治課題になったように見える。一〇世紀がはらんだこの重要問題に対する興味深いヒントは、ビザンツ側のギリシア語史料よりむしろラテン語の記述史料に隠されていた。

クレモナ司教リウトプランドが伝えること

ここで、一〇世紀後半にクレモナ司教を務めたリウトプランドに改めて登場してもらおう。彼は、九二〇年頃にランゴバルド系の家門に生まれ、北イタリアを拠点として活動した教会人である。皇帝オットー一世の北イタリアにおける官房をも務め、九七〇年代に亡くなったと推定されている。

先に述べたように彼は、九六八年の三月から一〇月にかけて、オットーの名代としてコンスタンティノープルに赴いた外交使節であった。当時、オットーはイタリア遠征中で、南イタリアにおけるランゴバルド系諸侯を帰順させたまではよかったが、ビザンツ側の拠点バーリを攻めながら、これを攻略しあぐねて膠着状態に陥っていた。

事態の収拾を図るため、リウトプランドは自ら申し出て、得意のギリシア語を武器にコンスタンティノープルの宮廷人との交渉に出向いたのだった。ところが、ビザンツ側は、東地中海地域でのアラブ勢力と交戦中で、皇帝ニケフォロス二世も留守がちだった。半年にわたる「冷遇」に業を煮やしたリウトプランドは、帰国後『コンスタンティノープル使節記』を著し、ビザンツ宮廷人たちへの罵詈雑言を書きつづったのも先述した通りである。

彼の世界観は、その思想に影響を与えた当時の世界情勢分析とともに、すでに我が国でも上原専祿や三佐川亮宏による紹介があるが（上原「クレモナ司教リウド《(ママ)》プランドの『報復の書』」〈一九五一年〉等）、この『使節記』に、当時のビザンツ皇帝の行動やオットー側の対応について、これまでほとんど顧慮されなかった部分があった。

ニケフォロス二世の東方遠征について語る段（第三九―四三節）で、リウトプランドは主人オットーに、その理由を、ある書物との関係で語っていたのである。

> 彼がなぜまさにこの時期にアシュリア人（ムスリム勢力）に対して軍隊を向けたのか、その理由にご注意いただきたく思います。……ギリシア人もサラセン人も、『ダニエルの幻視』*Visiones Danielis* と呼ばれる書物をもっていたからなのです。……私はこれを『シビュラ

の託宣』*Sibylline* と呼びます。これらの書物では、各皇帝がどれほど長く生きるのか、皇帝の治世がどれほど続くのか、平和になるのか戦争になるのか、また、運はサラセン人に向くのか反するのか、に関する預言が見いだされるのです。これらの書物は、このニケフォロスの治世中に、アシュリア人たちがギリシア人に刃向かうはずはないこと、ニケフォロス自身は七年間統治するだろう、と述べています。

ニケフォロスの治世は、九六三年八月一六日－九六九年一二月一一日だったから、まさに七年目の冬に暗殺されることを預言するこの記述から、『使節記』のこの部分は九六九年の暗殺事件後に執筆された、と推測されもするが、何よりここで重要なのは、シビュラと呼ばれる預言書への言及だった。

シビュラの預言

リウトプランドが伝えるこのシビュラの預言によれば、ニケフォロスの死後「戦争向きでなく彼より劣った皇帝が登る運命にある」という。ビザンツ側の冷遇に苛立つリウトプランドは、「ニケフォロスより劣る皇帝が見つけられるかどうか心配」と、寄り道的な揶揄をするが、直ちに気を取り直して、地中海東半部事情の説明に戻る。「この〔劣る〕皇帝のときに、アシュリア人たちが優勢になり、カルケドンまでの領域を力ずくで獲ることになっている」と。カルケドンは、現在イスタンブル市の一部を成すアジア側の街区である。かくして「いずれの側も時間のことを気にして」いる。「同じ理由によって、ギリシア人は奮い立ち、攻撃に向かい、他方、サラセン人は意気消沈し、直ちに抵抗することができないのです」。

ギリシア人とサラセン人の確執は、こうして予定調和のうちにビザンツ側の攻勢下に推移している。前述の通り、当時ビザンツ勢力とフランクの軍勢は、都市バーリの攻防で膠着状態にあった。リウトプランドは、ビザンツ側がイタリア情勢に力を割けないほど東方に注力する理由を、預言の存在を背景に説明するのだった。

オットー戴冠の意味とは

先述のように、オットーが都市ローマで皇帝として戴冠したのは、九六二年二月二日のことだった。

ほとんど四〇年の空位の後に西方世界に「ローマ皇帝」が登場したことは、地中海世界の政治事情を考える上で重要な出来事だった。加冠した教皇（ローマ司教）ヨハネス一二世がオットーに近い人物だったとはいえ、レヒフェルトの戦勝を携えた実力者皇帝の出現は、その後の西欧世界が自前の皇帝の存在を前提に、独自の政治発展の途を切り拓く起点ともなった。

図10　オットー2世とテオファノの婚姻証書（部分．Wolfenbüttel, Niedersächsisches Staatsarchiv 蔵）

ただ、この皇帝戴冠が、教皇による加冠の手続きのみでその後の西欧世界の政治的自立を担保した、と考えることはできない。オットー以降の諸王／皇帝は、なお引き続きビザンツ宮廷との交渉を重ねるなかで、新たに身に帯びた超越的地位の保全をいわば国際的に図っていく。オットー二世とテオファノ（ヨハネス一世ツィミスケスの姪）との婚姻（九七二年四月一四日、ローマ聖ペトロ教会で挙式。図10）は、その意味で、西方における帝権の権威確立を内外に顕示する最初の里程標となった。リウトプランドのコンスタンティノープル訪問も、失敗には終わったが、王息への皇女降嫁の交渉を目的のひとつとしていたのであった。

ティーブルのシビュラ

さて、リウトプランドの『使節記』は、シビュラが東地中海世界に広汎に流布していたことを伝えている。上記の記事は、ニケフォロス二世の東方遠征に関する驚くべき預言が、シビュラとして当時東方世界に存在したことを示していた。

シビュラとは、キリスト教徒ばかりでなく、異教徒、ユダヤ教徒たちにも権威ある託宣集として、古代以来尊重されてきた文書ジャンルだった。数あるシビュラのなかでももっとも広汎に普及したとされるのは、シリア語版、ギリシア語版、ラテン語版で知られる『偽メトディオス』だったが、その一部を成して、ビザンツ、イタリア、フランク地域にとって特に興味深いのは、ギリシア語、ラテン語によって作成された「ティーブルのシビュラ」と呼ばれる系譜のテクスト群であった。幸いエルンスト・ザクアー（ドイツの歴史学者、文献学者）によって一八九八年に編纂刊行された、現存する最古のラテン語版テクストの校訂本があり、この興味深い文学ジャンルの概要を知ることができる。

校訂された中世ラテン語版ティーブル序文の説明によれば、シビュラとは本来「神の御意志を解釈し、人びとに将来生ずることを伝える女預言者」のことである。そしてこの序文では、一〇名のシビュラが順番に説明され、ティーブルはその最後のシビュラとして挙げられる。他のシビュラと異なるのは、彼女だけがギリシア語名「ティーブル」Tyburtina のほかに、ラテン語名「アブルネア」Abulnea を与えられていることだった。

テクストの原典は、ローマ帝国がキリスト教を国教とした四世紀後半に作成されたと推定されている。原テクストはギリシア語で著述されたが、直ちにラテン語訳が作成され、その後各期の事情に合わせて改変・編纂を施され伝承されたという。現存する最古のティーブルのシビュラは、一九六七年にポール・アレクサンダーが編纂したギリシア語版の通称『バールベックの神託』である。アレクサンダーは六世紀初頭に作成されたと推定する。現存する最古のラテン語版のティーブルのシビュラは、編纂したザクアーによれば、一一世紀初頭のロンバルディアで作成されたものであった（ザクアーはコンラート二世期〈一〇二四―三九年〉とするが、ハインリヒ二世期〈一〇〇二―二四年〉の可能性も残る）。

四世紀からの伏流水

前述のように中世ラテン語版ティーブルの原典は、四世紀後半に作成された。四世紀といえば、キリスト教ローマ帝国の理念が確立された時代である。それは、キリスト教が国教とされたことによって、キリスト教徒が自分自身とローマ帝国との関係を、神による人類救済の歴史のなかに改めて位置づける必要に迫られた時期であった。この時代、それまで種々の黙示録や黙示的文書を通じて、イエス再臨直前の最後の世界帝国としてローマ帝国を否定的に描写してきたキリスト教徒たちは、新たな時代状況に対応して、このローマ帝国に積極的な歴史的意義を見いださざるをえなくなる。カイサリアのエウセビオス（二六〇頃―三三九年）が、ローマ帝国を神による壮大な世界救済計画の必然的担い手とし、ローマ帝国の長としての皇帝の地位をも必然的存在と規定したのも、この文脈においてであった。

アウグスティヌス（三五四－四三〇年）にも見られる必然的な神の救済計画が、その後の西方の歴史解釈に多大な影響を与えたことは、改めて指摘するまでもない。しかし他方で、黙示的文学の伝承も命脈を保ち続け、中世の地中海世界に広汎に普及していた。中世ラテン語版ティーブルのシビュラに限ってもより慎重な精査が必要であるが、露呈する黙示的文学の痕跡に、当時の人びとの活動との関連を意識せざるをえない。

こうした黙示的文学が、ヨーロッパ世界を動かした〈力〉なのではないか。次章で改めて詳しく取り上げてみたい。

隠喩に託される皇帝像

さて、『使節記』のなかでリウトプランドは、シチリアのヒポリュトス（一七〇－二三五年）による『獅子と子が共に野生の獣を打倒する』なる書物に言及していた（第四〇－四一節）。東方宮廷で用いられるギリシア語標題を引用した後に Leo et catulus simul exterminabunt onagrum とラテン語訳して紹介する彼は、オットー父子を獅子の父子に擬して、その勇猛な軍事行動を称賛する。そして、皇帝父子が、北アフリカやフラクシネトゥムに展開するサラセン人、あるいはまた、目下イタリアで敵対するビザンツ勢力に勝利するだろう、と解釈して、読者（オットー側軍団の将兵）の士気を鼓舞しようとするのだった。

一〇世紀といえば、「紀元千年の恐怖」が飛躍的に高まった時代、と説かれることがある。実際、オットー一世の妹で、西フランク王ルイ四世（在位九三六－九五四年）の王妃となったゲルベルガが修道士アゾAdsoに依頼した預言的著述（九四五－九五四年執筆）では、「破滅」（＝反《アンチ》キリストの登場）は、すべての王国がローマ帝国から離脱するまで起こらないだろう、とパウロを引用しながら、王妃を安心させようとしていた。当時、王の男系血統はしばしば途絶えがちであった。ゲルベルガの男児である最後のカロリング朝の王ロテール（在位九五四－九八六年）とその子ルイ五世（在位九八六－九八七年）も亡くなることになる。

アゾはことばを注意深く選び、また預言と歴史的創話を結びつけて、王妃の不安を和らげようとした。結局は、エルサレムへ行って自分の笏と王冠をオリーブの山に据える偉大なフランク王かつローマ皇帝たる者が登場するだろう、と。アゾが見るかぎり、ローマ帝国はフランク王たちのなかに脈々と伝わっており、完全に滅び絶えてしまったわけではない。彼らフランク王が続くかぎり、「世界」は続いていく、というのである。

一〇世紀のガリア、アルプス以北地域における終末意識の普及は、修道院の叢生や巡礼の活発化にも反映したとされる。しかし、その全般的普及を積極的に実証することは、実のところ困難なようである。暦法の違いもあり、西暦千年末に向かって終末への期待が昂まったと考えるのは、当時の実態にもそぐわない。事実は、バーナード・マッギンが述べるように、中世初期以来、終末に対する期待が維持され、時機に応じて顕現したと考えるのが穏当のようだ（『アンチキリスト』松田直成訳、一二九頁）。

ただ、確かに、ビザンツでも西方でも帝王の政治的・軍事的活動は大いに活発化したように見える。ビザンツ皇帝を衝き動かしたモチーフの索出は、不可能ではなさそうだが思いのほか困難だ。他方、新帝王オットーの活動プログラムを当時の国際関係のなかに定位する作業は、改めて要請されるといわなければならない。

オットー大帝の世界観

上原専祿が指摘していたように、リウトプランド『報復の書』の献呈先がエルヴィラ司教レケムンドゥスであったことは、改めて注目されてよい。リウトプランドは、アブド・アッラフマーン三世（後ウマイヤ朝の第八代アミールで初代カリフ。アミール在位九一二―九二九年、カリフ在位九二九―九六一年）治世下のイベリア半島のキリスト教徒集団と接触していた。遠隔地に生きる同胞集団への配慮は、支配権力側との緊張感ある交渉とともに、キリスト教的モチーフに彩られた新帝王に求められた当為だったことを思わせるのである。

ヴォルフェンビュッテルの文書館には、オットー二世とテオファノの婚姻証書(図10)が収蔵されている。それは、父帝オットー一世が息子夫婦の婚儀に並々ならぬ熱意を注いだことを雄弁に物語る逸品である。深い緋色に金色の縁取りを施された豪華証書。そこには、ロバやヤギの背に跨り、噛み付く獅子、グリフィンが鮮やかに描かれていた。その寓意を当時の文脈のなかに理解することは、地中海からアルプス以北まで広がっていた「ヨーロッパ世界」の歴史の深層を考える上でひとつの材料となるのだった。

第2章

終末と救済の時間意識

――動　力――

L'Échelle de St. Jean Climaque（11世紀後半制作）
Athos, Monastére de Vadopedi, ms. 376, f. 421v.

一　「最後の日は近い」――ヨーロッパを駆動した世界観

大帝を動かした畏れ

前章で見てきたような大帝たちの事績を知り、彼らを取り巻くそれぞれの時代の情況を探ればほど、拭い難く日増しに強まるある印象があった。それは、中世の地中海世界また西ヨーロッパ世界には、ひとつのデモーニッシュな〈力〉が広汎に伏在していたのではないか、という想いである。

改めていうまでもなく、古来、地中海世界には、人を衝き動かす触媒ともいうべき観念的な〈力〉が存在していた。よく知られるように、アリストテレスが定式化したポリス市民の倫理規範、普遍的なローマ法理念、ユダヤ／キリスト教徒の救済観念などは、理念的にも実際にも市民生活を支え、人びとの行動に範型を与える規準の役割を担っていた。

観念的な力の体系は、人間の行動に積極的な意味を与え、それを規定する価値であることが多い。歴史学もまた、そのような積極的な価値規範を軸に、その理念の体系、諸観念の内実、現実社会に投影されて具現化したと見ることのできる制度や体制を分析してきた。私もまた、そのような問題意識をもって、ビザンツ国家の財政や経済の仕組み、それらを支えた農村経済、社会の構造分析を行い、人びとの意識と行動を規律化した諸価値を史料文面に追跡しようとしていた。帝国経済の循環路ともなった市民の旺盛な寄進行為とキリスト教会・修道院が行った慈善活動に注目して分析したのも(拙著『帝国と慈善　ビザンツ』)、一連の問題を解くためのキーがそこにあると見てとったからだった。

市民の旺盛な寄進行為。次第に資産を蓄積していったキリスト教会。そこで営まれた貧民救済(ここで「貧民」とは広い意味での一般市民のことである)。〈神の恩寵〉としての〈慈善〉を担保する帝権。まさに宗教的動機に導かれて展開した人びとの行動は、地中海の都市社会を特徴づける風景を紡ぎ出していた。皇帝もまた、税制上の特権や所領・金品の下賜を通じて、慈善を実践する施設、個人に恩顧を与えることを期待され、その当為を自覚していた。

寄進行為を伝える文書には、「善き行い」euergon を実現した市民の晴朗感が溢れている。皇帝の恩顧もまた、「善行」の模範として自らの事績を天下に知らしめんとしていた。正義と公正の感覚に支えられた皇帝・市民の日常的営為が、社会救済的再分配の構造を現出していたことは、まず否定しえない事実といえる。

ところが他方で、私は、当時の地中海世界に皇帝の施策を追いかけるうちに、畏れの感覚を梃子に彼らを衝き動かしていた力もまた存在した、との印象を拭えぬようになっていた。

ビザンツ帝国の最高の国家文書の形式を「黄金印璽付文書《クリュソブーロス》」という。皇帝のみが保持することを許された黄金製の印璽で封緘して発給される文書のことである。私はこのクリュソブーロスの文面を追い、その紙背に、皇帝施策を伝えて彼らの行動に正当性を与えていると思われる政治神学的な文言を探ろうとしてきた。しかし、その傍らで、黙示文学的な系譜の考えが、また彼らに小さからぬ影響を与えている、と思えてきたのである。

ユスティニアヌスの背中を追って

キリスト教化されたヨーロッパ社会を観察する上でまず注目すべきは、前章で紹介した六世紀のローマ皇帝ユスティニアヌスである。彼はササン朝ペルシア、ヴァンダル王国、東ゴート王国との戦いを展開し「帝国の復興」を推し進めた。法典に収録された彼自身の勅令には、これがローマ帝権による当為として宣言されていた。いわく、「諸属州が「身体と精神の敵」である蛮族どもの手にあり、取り戻さねばならない。キリスト教の帝国は唯一の信仰、正しい信仰、つまりオルトドクスを信奉しなければならない」と(『ユスティニアヌス法典』一・二七)。

さらに、彼は、帝都コンスタンティノープルでの聖ソフィア聖堂の再建をはじめ、帝国各地に建築活動を展開した。教会・修道院が行う福祉活動を、減免税措置をもって支援もした。社会基盤を強化し、人びとの安寧を支え、いわばキリスト教皇帝としての責務を担うことを自覚していた。皇帝を取り巻く人びともまた、その理念と価値を共有していたように見えた。大帝と呼ばれた皇帝を幾人か取り上げた前章で私は、ローマ帝権の担い手たちは、なぜかくも多彩に活発な動きをしたか、と問うた。本章では、彼らを衝き動かしたデモーニッシュな〈力〉が現れるトポスを、ユスティニアヌスの背中とその周辺を追いつつ、考えてみたい。

自然災害とパンデミック

まずはユスティニアヌス本人を離れ、周辺を調査してみよう。当時は大地震が頻発し、帝国東部(シリア・メソポタミア地方)などを中心にしばしば旱魃《かんばつ》も発生していたことがわかっている(V. Grumel, *La Chronologie*, p. 478–479.)。地震による津波への恐れも、人びとの心に影をおとしていた。大地震の後に発生した津波によってコンスタンティノープルが海中に沈む、との預言が信じられた、と年代記には記される。これはこのビザンツ帝国の文学で、ひとつのトポス(主題)となったようである。一〇世紀になると「コンスタンティヌスの柱頭」を残して帝都が波間に沈む、というど派手でドラマティックな定型言説となって、聖者伝などの文学作品に登場することともなる(後述)。

旱魃、ペルシア軍の東方への侵入・略奪、大地震の頻発が、同時代の人びとにとっての不安な風景だったようだ。これに加えて五四一年になると、ペスト禍が加わった。エジプト(ペルーシウム)で発生したこの災禍は、翌年にはアレクサンドリア経由でコンスタンティノープルへも及び、パンデミックとなる。帝都のそこかしこで、教会に集い祈る光景が広がったという。五世紀の末頃から東地中海地域に暮らす人びとは、不安を煽る自然現象のなかに暮らし、自らの運命への関心を強めていたのだった。

大地震

ここで当時の自然災害に関する状況について瞥見しておこう。

まず話題にすべきは、五世紀末から六世紀初頭にかけての東地中海地域で頻発していた旱魃と大地震だろう。五世紀末つまりアナスタシオス一世の治世(四九一―五一八年)からのこととして、メソポタミア地域で旱魃が頻発するなか、大地震がしばしば起こっていた。五〇七年に書かれた『柱頭行者ヨシュアの年代記』というシリア語による年代記がある。その書き出しは印象的で、以下のように伝えていた。

いと賢き人、司祭にして修道院長であるセルギオス殿。あなたの敬虔さを湛える書状を受け取りました。そこであなたは私に、いつものように、イナゴの大群がやってきたときのこと、太陽が暗くなったときのことを直接に書き記すよう指示を下されました。地震、飢饉、疫病が起こり、ローマ人とペルシア人とのあいだで戦争があったときの記憶を書き留めよ、とご下命になられました。

この『年代記』は、戦争、飢饉、疫病の数々を記録する、と言明して、アナスタシオス帝の華やかな治世に、エデッサの町、またメソポタミア地方全体に降りかかっていた災禍を記録した。記録された災禍の内容もさることながら、これは、当時の世相を占う上で重要な史料のひとつにほかならなかった。そこには、現地の人びとの苦悩の大きさとともに、それらの災禍が予兆として生み出した関心をもうかがえるからである。災禍の規模は、ユスティニアヌスの治世(五二七―五六五年)に帝国全体を襲った災難にくらべれば小規模だったといえる。にもかかわらず、出来事にまつわる意味について、人びとは畏れの感情を抱いていた。

六世紀の年代記作者たちもまた、そういった出来事のカタログを作った。そのようなカタログはそれまで存在しなかったのであるが、この時期、出来事は正確に記録された。人びとが自分たちのために、出来事を注視する姿勢をもったことの反映だった。少なからぬテクストにおいて、飢饉や疫病、地震、また五四〇年代から五五〇年代にかけて見られた異民族の侵入が、黙示録的な重要性をもって人びとの心に迫っていた。少なくともテクストの筆致からは、そううかがえるのである。
現実に目を向けると、例えばアンティオキアは、五二六年と五二八年の地震で大きく破壊された。このヘレニズムの古都は、さらに五四〇年にはペルシア軍によって略奪され、住民は退去を余儀なくされている。ユスティニアヌスは、五二六年の大地震後には四〇〇〇リトゥラ(約一三〇四キログラムの金)を与え、五四〇年のホスロー一世の略奪によって町が灰燼に帰した後には、教会、柱廊、広場、浴場、劇場を再建している。

六世紀には大地震が頻発した。なかでも五五八年五月にコンスタンティノープルを襲った大地震は、市内の建物に大きな被害をもたらした。これによって、二〇年前(五三七年一二月)にユスティニアヌスによって再建されたハギア・ソフィア聖堂の中央の丸屋根《クーポル》が倒壊した。そのときの民衆の反応がアガティアス『ユスティニアヌス帝の治世について』に伝えられていた。当時の人びとの行状をうかがい知ることができて興味深い一節であるので、少し長いが紹介しておこう。

その後まもなく、根拠のない人を惑わす流言飛語がまわりだした。それらは、世界全体が消え去ろうとしている、というのだった。ある種の詐欺師が、思いつきの託宣をたずさえて、思いついた事柄を予言しているのである。すでに完全に恐怖におののいている民衆を、この流言はさらにいっそう震え上がらせた。これらの者たちは、狂気を装い、悪魔が憑いたかのように振る舞いながら、さらに恐ろしいことが起こるだろうと吹聴した。それはまるで、取り憑いた幻影が彼らに未来を教えているかのような振る舞いだった。彼らは災難にむしろ驚喜していた。他の者たちは、星辰の動きとかたちを見て、よりいっそうの災禍がやってくる、と暗示した。そして、世界の事ごとがすっかり混乱するというのだった。……連禱と請願のための聖歌がいたるところで聞こえ、皆が参加していた。いつもことばで約束されながら実行に移されることのなかったことが、そのときは容易に行われた。突然、すべての人たちが誠実にそれぞれの仕事を行うようになった。国家の役人ですら、自らの貪欲を押し控えて、法にしたがって訴訟を扱ったし、有力者らも、よきことを喜んで行い、恥ずべき行いから身を引いたのである。ある者たちは、生活態度をまったく改め、修道士的な生活、山中での生活を信奉するようになって、富や名誉、そのほか人を喜ばすあらゆるものを捨てた。多くの寄進が教会になされ、夜になると、このうえなく有力な市民たちが街路に出て、路上で身動きできぬまま横たわる哀れで卑しい者たちの世話をし、食料や衣類など彼らに必要なあらゆるものを提供し出した。しかし、この一連のあらゆることは、恐怖があったごく限られたあいだだけのことに終わった。危険が沈静化し、恐怖が和らぐやいなや、人びとはいつもの生活ぶりに戻ったのである。

ペスト禍

五世紀末から六世紀半ばにかけての災害として次に挙げるべきは、ユスティニアヌスが皇帝となって一四年が過ぎた頃に帝国全土に広がったペスト禍である。ヨーロッパ世界における初めてのこのパンデミックについては、すでに村上陽一郎によって『ペスト大流行』のなかで紹介されているが、ここではギリシア語史料にも取材して若干の情報提供をしておこう。

前述のように、ペストは五四一年にエジプトのナイル・デルタ東端の町ペルーシウムで発生した。翌年にはコンスタンティノープルに到達し、ユスティニアヌス自身も一時罹患した。エジプトは、コンスタンティノープル市民にとっての穀倉だったから、穀物とともにアレクサンドリアを発した輸送船に紛れこんだネズミによって感染が広がったと考えられている。

ペストはその後も各地に伝播し、イベリア半島にまで至る。記録によれば、その終息は五四九年で、それまで帝国内は不安に包まれた。近年の研究では、ペストの大流行(パンデミック)が帝国の社会構造や歴史の軌道を大きく変えることはなかったとする意見が強い。とはいえ、五世紀末から地震、旱魃が頻発する世情だったから、ペスト禍が社会不安を著しく増大させたことはまちがいない。

ヨアンニス・マララス(四九一頃－五七八年)の『世界年代記』は、五四一年に執筆されたギリシア語の年代記である。この年は、腺ペストがアレクサンドリアとアンティオキアを襲い、またコンスタンティノープルのある女性が、この町が海中に沈む、と予言したまさにその年であった。『年代記』は伝えている。恐れに駆られた民衆が黄金門近くの聖ディオメデス教会で連禱した、そこである女性が予言を口にした、そしてそのことが皇帝のもとにも報告された、と。

第五インディクティオの年(五四一年九月―五四二年八月)に、次のような出来事があった。黄金門と呼ばれる地区に住むひとりの女性が、ある晩、恍惚状態におちいり、意味のないことをたくさん話しはじめた。コンスタンティノープルの人びとは駆け上がり、エルサレムの聖ディオメデスを祀った教会への祈りの行列に加わった。彼らは、彼女をその家から連れ出し、聖ディオメデス教会に連れて行った。というのも、彼女が、三日の後に海の潮位が高まり、すべての人が連れ去られると言うのである。皆は祈りの行列に加わり、「主よ、憐れみ給え」と祈った。なぜなら、多くの町がすでに海に呑み込まれてしまっているとの知らせが流布していたからである。まさにそのときである。エジプトで、アレクサンドリアを含めて多くの人びとが疫病で亡くなった。皇帝は、侍従長 cubicularius ナルセスほかを早船で派遣して、何が起こったのかを調べさせた。ナルセスの従者が、ナルセスの指示で聖ディオメデス教会に出向き、集まっていた群衆から、その女性が口にしていることとを知った。従者たちは戻り、ナルセスに教会で起こっていることを報告した。そしてまた、恍惚状態におちいった女性から、三日の後に海がせり上がり、すべての人びとを呑み込む、と聞いたと報告した。

五四一年の災禍(ペストの流行)に関する史料には、ほかにローマノス・メロードスというシリア出身の讃美歌編纂者が残した『十人の乙女への賛歌』という作品がある。

最後の日は近い。いまやわれらはその時のことを見ている。それらは戸口にあるのではない。戸口そのものなのだ。それらはすでに到来し、いまここにある。キリストが言われたことでないものは、なにひとつとしてない。かの御方が言われたように、すべてがやがて起こるだろう。飢饉、疫病、度重なる地震。民は民に逆らって立った。内ではすべてが恐ろしく、外ではすべてが争いに満ちている。

二　世界年代記の出現

自然災害と世界年代記の同時代性

この時期に、頻発した自然災害に直面して人びとが自らの存在を見つめ直したらしいことが、以上の史料所言からはうかがえた。

ギリシア語による世界年代記（年代記）を初めて書いたのは、前述のヨアンニス・マララスである。彼は、おそらくアンティオキア生まれで、同地で法学を学び、このシリアの町で法学者（ないし弁護士）をしていた（「マララス」Malalas とはシリア語で「修辞学者」rhetor の意）。ユスティニアヌス帝期にコンスタンティノープルに出て、ビザンツ世界において現在知られるかぎり最古となる『世界年代記』を執筆した（全一八章）。

スラヴ語版には完全版があるものの、ギリシア語で伝わる写本では、冒頭部と最後部が伝来しておらず、五六三年までの記述で終わっている。コンスタンティノープルとアンティオキアに関する記述が中心であるが、その後ギリシア語で書かれた年代記の原型となった。また、オリエント諸語、スラヴ諸語での世界年代記、ラテン語での西ヨーロッパの編年史 Annales 作者にも影響を与えたことが知られている。

マララスのこの『年代記』第一八章は、彼が生きたユスティニアヌス帝治世の出来事を伝えるいわば「現代史」であった。正教会のこと、皇帝のこと、当時の出来事を客観的に記している点が特徴だ。興味深いのは、この章の冒頭部分で、マララスが当該期の年代確定を熱心に行っていたことである。「年代記作者たる者は、各皇帝の統治年数を慎重に数え上げねばならず、年代記の読者は、言及された歴代皇帝のすべての治世で過ぎた年数を合計することに意を払わねばならない」。そうして、その結論部分ともいえるくだりに以下のように書き記した。

アウグストゥス・オクタウィアヌス帝の治世から、ユスティニアヌス帝の執政官第二インディクティオが終わるまでの全期間は、五五九年であった。つまり、アダムから同じときまでで六〇九七年となる。これは、クレメントス、テオフィロス、ティモテオスらが算定し、彼らの年代記が一致して導き出してきた数字と合致する。パンフィロスの弟子であったエウセビオスの時代のものとして、アダムからユスティニアヌス帝の執政官第七インディクティオまでを六〇三二年と計上する年数を見いだした。テオフィロスとティモテオス〔の算定〕に従う者たちは、その年代記をより正確に書いている。もっとも、第六番目の千年紀が過ぎ去ったことについては、完全な合意がある。

ここでは、最後に、「第六番目の千年紀が過ぎ去った」と年代記作者たちのあいだで共通の理解があった、と記されていることに注目すべきである。マララス自身が聖書の句を繰り返しているように、人間の千年は神の目には一日に映り、キリストはその六日目の半ばに生まれた、という。そして、主が眠りに就く六日目の晩が来る前に、人類に悔悛のための半日の猶予を与えるということか、あるいは、最後の審判、ないしキリストの再臨こそが、マララスの期待していたことではないか、と研究者たちは理解している。

五世紀から六世紀に醸成された時間意識

当時の人びとにはよく知られていたように、「最後の帝国」は、その力が後退すると、反《アンチ》キリストが登場することになる、という。『テサロニケの信徒への手紙 二』二・七―八にはこう記されていた。「罪悪の奥義がすでに、内に働いている。ただそれをとどめている者がいつか除かれるときまでのことである。そのとき悪の者が現れる。そして主イエズスは御口の息でその者を殺し、来臨の輝きをもって滅ぼされる」（フェデリコ・バルバロ訳）。

イギリスのビザンツ学者ポール・マグダリーノは、「古代末期」特に五世紀から六世紀のギリシア語圏の人びと（ビザンツ人）が抱いていた時間意識について以下のように書いている。

> ビザンツ人は、おそらく他の中世の人びとにくらべて、歴史の変化を「よいこと」とは見ていなかった。「新しいこと」*νεωτερισμός*や「革新」*καινοτομία*ということばは、彼らの用語法ではネガティブな意味合いで使われていた。ところが、彼らの文化に特有のパラドクスのひとつではあるが、彼らは変化を、神が造り給うた世界の創造過程に組み込まれて

いるものと認識していた。したがって彼らは、歴史の展開を、神の摂理が作用している文脈で説明することができると考え、また計算さえできると考えていたのである。

マグダリーノは、彼らビザンツ人が観念していた未来のあり方について論じる。歴史は発展し、それは幸せなことだ、との通念に慣れ親しんだ私たちにとっては、いささか衝撃的ともいえる異質な時間意識がそこにあった、というのである。彼が指摘する東ローマの人びとの時間意識は、いかなる心的構造から成り立っていたのだろうか。

終末論 Eschatology が、ユダヤ＝キリスト教世界ばかりかイスラーム世界にも通底する基調として、人びとの生活を律してきたことを私たちも知っている。それは、『ダニエル書』や『マタイによる福音書』、また『ヨハネの黙示録』によって伝えられる観念である。マグダリーノの整理によれば、ビザンツ世界で受け継がれたこの終末論には三つの基本要素、そして二つの付加的要素があった。

終末論思想の基本要素

基本要素とは、①旧約聖書の預言、②新約聖書、特に福音書と書簡に見られる預言、③世界には終わり eschaton/ultima hora があり、計算可能なその時間は、天地創造の六日間に対応しているとの観念(『ペトロの手紙 二』三・八)である。

①については、とりわけ、四つの継起する世界王国に関する『ダニエル書』の預言(第七書等)、②については、特にキリストの再臨に関する預言(『マタイによる福音書』二四)や、パウロによる「最後の帝国」についての言及が問題となる。「最後の帝国」は、四世紀以前においてすでに容易にローマ帝国に擬《なぞら》えられたし、パウロの意見は『ダニエル書』と結びついて、この世は帝国が続くかぎり存続するだろう、そして、帝国の命運はコンスタンティノープルの運命と結びつく、と自然に受け入れられたという。③に関しては、神の目には人間の千年が一日と映っている、との観念が随伴していた。

さらにマグダリーノが指摘するビザンツ終末論の付加的要素とは、④『ヨハネの黙示録』と、⑤外典 Apocrypha における預言伝統、であった。『ヨハネの黙示録』は、東方キリスト教世界では正式の教典とは必ずしも認められていなかったものであるが、外典における預言伝統は、ユダヤ=キリスト教的である部分と、前章で論じたシビュラ的、異教的要素があり、他の事柄への言及とともに、ローマ皇帝が続くだろうことを預言して、ビザンツ世界では重要だった。それが、「最後の時」に至るまでの統治について確認するのに、一〇世紀においてもなお有用とされていたことは、前章で紹介した通りである。

マグダリーノが指摘する聖書的な(正典・外典を含めた)コンテクストに規定された時間意識は、

まさに五世紀から六世紀のビザンツ世界において融合した、といってよい。

それは事実上、五〇〇年頃から始まる、と考えてよいようである。キリスト教徒は、キリスト昇天以後その時期に至るまで、もとよりキリストの再臨を待望してきた。ドイツ人学者ゲアハルト・ポズカルスキーの指摘によれば、キリスト教徒に想いを巡らせるさまざまな出来事が、それまでの数百年間に起こってはいた。ところが三世紀以来、特別な重要性が、キリスト生誕五〇〇周年には付け加わったという。端的な例として指摘されるのは、三世紀前半のローマで活躍したヒポリュトスが、キリスト生誕五〇〇周年の祝祭が、世界暦六〇〇〇年に至福千年が始まるのを人びとが待ち受けはじめる時期に当たる、との認識を説いたことであった。この説教がギリシア語に翻訳され、少なくとも東方ギリシア世界では影響力をもっていた。

「世界の終わり」への意識の昂まり

ポズカルスキーは、少し込み入った議論をしている。

アリストテレスの『天体論』*Περὶ οὐρανοῦ/De Caelo* に関する六世紀の異教徒哲学者シンプリキウスの注釈があり、この注釈から二箇所、結論的な部分に注意を促しているのである。シンプリキウスは、敵対するキリスト教徒(これは、アレクサンドリアの哲学者ヨアンニス・フィロポノスと想定される)の見解を批評するのだが、このキリスト教徒哲学者が、天上界は崩壊するものであり、沈むものである、と信じているというのだ。これに対しシンプリキウスは以下のように反論した、という。

彼らによれば、それは最後の日々であるというのである。世界の終わりが、かつてないほど待望されている。今までとは何か変わったものが天に現れるはずであり、その動きが……もし天が、彼らが信ずるように、六千年前にこの世に存在するようになったのなら、そして今、その最後の日々を迎えているのなら、没落や崩壊の兆しがどうして現れてこないのだろうか。

キリスト教徒のあいだで、「世界の終わり」が広汎に話題になっていた、という。

前述したように、聖書には「最後の帝国」は、その力が後退すると、反《アンチ》キリストが登場することになる、と書かれていた。「最後の時」に向かって「善きひと」であろうと現世において善行を積む行為(例えば教会への寄進、聖堂・修道院の建設等)が増大したのも、五世紀末から六世紀にかけてのことだった。当時の東地中海地域の人びとに「終末」にまつわる意識が共有され、キリスト生誕五〇〇周年への意識もまた喚起されはじめていた。

それは、キリスト自身の預言が満たされることを示す表徴があることで初めて強調され、証明されたと、ポズカルスキー、マグダリーノ、またアメリカ人学者ポール・アレクサンダーは考える。そして彼らは、『マタイによる福音書』にあるキリストが弟子たちに語った箇所を指摘する。「天の国のこの福音が、全世界にのべ伝えられ、諸国の人びとに向かって証明されるとき、そのとき、終わりは来る」(二四・一四)。

ポール・アレクサンダーは、皇帝アナスタシオスの治世が、終末論的思考にとっては重要な時代だったとしている。アナスタシオス帝治世に、エチオピアがキリスト教に改宗した。そして六世紀に入ると、教会史家たちは、キリスト教の説教がフン族やペルシア人たちのあいだに浸透していったことを書き記している、と。ユスティニアヌス帝期におけるビザンツとペルシアとの戦闘、とりわけホスロー一世による略奪は前章でも言及したが、これも、すでに『マタイによる福音書』に書かれていたことが当時の人びとに影響を与えた証左ということになる。そこには「民は民に、国は国に逆らって立ち、諸方に、飢饉と地震がある」(二四・七)とあった。

三 「いま」がもつ意味——キリスト暦の始まり

世界年代記は、五世紀のあいだに初めはシリア語で、しかしやがてすぐにギリシア語で書かれはじめた。その後、ヨーロッパ世界の少なくとも「中世」と呼ばれる時代において、この文学ジャンルはラテン語でも書き綴られていった。むしろ、西方ラテン世界でこそ、この年代記なる文学類型は重要な存在となっていった。

私たちにとって重要な観点は、この場合二つある。一つは、いずれの年代記においても最終巻に同時代に関する記事が見られることから、それらの年代記が、執筆された時期に関する同時代情報を取材する最重要史料になることである。二つめに、ではなぜそれぞれの時期に年代記は書かれたのか、という執筆時期の問題である。執筆者における動機の問題を含めて当時の状況と時代精神を探る素材となる。

年代記が、キリスト教的な時間意識のもとでそれぞれの出来事を書き記していることは明らかである。そこに刻まれたモチーフの含意をどう考えるべきか。少なくとも、そこには執筆当時のテクスト記述者における時間意識が看取される、といわなければならないだろう。

キリスト教化のなかの世界観

前述の通り、この時期のテクストに「第六番目の千年紀」「第七番目の千年紀」という表現があった。これは、天地創造から数えての紀年法、「世界暦(世界創造暦)」Anno Mundi によるものだった。皇帝勅令における紀年法もまた、世界暦および皇帝在位年、またインディクティオ暦で記載する方式で一貫していた。インディクティオ暦とは、ディオクレティアヌス帝によって二八七年に規準が置かれた財政年度を表す紀年法で、一五年周期で一巡するものである(一年の刻みは九月から翌年の八月末まで)。

世界暦は、私たちの知る「西暦一年」を、五五〇九年としていた。これは、コンスタンティノープル版の紀年法を標準としたもので、すべての公文書の規準となっていた。ほかにエチオピア版など地中海世界には複数の世界暦が存在するが、ここでは省略せざるをえない。さて、西暦とは、もとよりイエス・キリストの生誕した時点を起点とする考え方である。マララス『世界年代記』の第一八章冒頭では、世界暦に依ってそれぞれの年代確定者がそれぞれの算定をしていた様子が記されていたが、イエス生誕にもとづく紀年法を追究する動きに関する記述はない。いずれにせよ、若干のずれがあったとはいえ、「第六番目の千年紀が過ぎ去った」と年代記作者たちのあいだで共通の理解が記されるだけである。

先述のようにローマ帝国は、四世紀にキリスト教化の道を歩みはじめていた(三九二年に国教化)。これによってキリスト教徒は、自分自身とローマ帝国との関係を、神による人類救済の歴史のなかに改めて位置づける必要に迫られた。繰り返すが、それまで種々の黙示録や黙示的文書を通じて、ローマ帝国を、イエス再臨直前の最後の世界帝国として否定的に描写してきたキリスト教徒たちは、新たな時代状況に対応して、このローマ帝国に積極的な歴史的意義を見いださざるをえなくなっていた。四世紀の段階でカイサリアのエウセビオスが、ローマ帝国を神による壮大な世界救済計画の必然的担い手とし、ローマ帝国の長としての皇帝の地位をも必然的存在と規定したのも、この文脈においてだった。

アウグスティヌスにも見られる必然的な神の救済計画が、その後の西方の歴史解釈に多大な影響を与えていったことはよく知られている。他方で、黙示的文学の伝承も命脈を保ち続け、中世の地中海世界に広汎に普及していたのである。

時を刻む暦

神による救済計画のなかで、五世紀末から六世紀の時期は興味深い位置にあった。

年月を刻む暦の問題は、一部の専門書を除くとこれまであまり紹介されることがなかったように思うが、私たちが規準とするいわゆる「西暦」Anno Domini が誕生したのはまさにユスティニアヌス帝期だったことは注意されてよい。五世紀末から六世紀初頭にかけて、それまでになく「いま」がもつ意味を人びとは自覚するようになっていたのである。

前述したように、当時（少なくとも一五世紀までの東地中海世界）の公文書で「西暦」が使われることはまったくない。皇帝勅令をはじめとする行政文書では、「世界暦（世界創造暦）」Anno

Mundi、および皇帝在位年、またインディクティオ暦を併記するのが作法だった。これらのなかでも特に「世界暦」は、人びとの暮らしを規定するプラットフォームとして観念されていた。

他方、イエス生誕(受肉)の翌年を元年とする新しい紀年法(西暦)Anno Dominiは、五二五年にローマ教会の神学者ディオニュシウス・エクシグウスによって算出された暦法であり、一部のキリスト教聖職者たち(年代記作者たち)によってやがて使われるようになっていく。

いまだ「西暦」が案出されるより前に、人びとは度重なる自然災害を前に、世界の行く末に想いを致していた。その時代相を見る上で重要なのは、当時、聖書に典拠をもつ時間観念によって同時代が捉えられていた、ということである。キリスト教が国家宗教となって一〇〇年余、人びとはイエスの教えと旧約の規律を規準とする暮らしのなかにあり、人びとの胸中に世界暦六〇〇〇年(西暦四九一/二年)の意味が迫っていた。

伏流する終末論的観念

神の一日は人の千年である。聖書はそう伝えていた(『ペトロの手紙 二』三・八)。そして、世界は神の七日が過ぎたときに完結する、と。この終末論的思想は、五世紀末頃から強く意識されるようになっていった。

先述の通り、同時期には自然災害が多く発生していた。自然災害はアナスタシウス一世、ユスティヌス一世の治世に起こりはじめていた。四九一年に即位したアナスタシウス帝などは、左右の瞳の色が異なっていた(Dicorosと綽名された)ことから不吉な予兆ともされた。ユスティニアヌスの叔父ユスティヌス時代には、ササン朝ペルシアとの攻防戦も激しさを増していた。一連の出来事は、黙示的文学が伝える予兆に擬えられて、人びとの意識に「いま」の意味づけを伴い受けとめられた。災害や対外戦争が重なった時代相は「世界暦」に必然のこととして織り込まれていった。

前述のように、どの年代記作者たちにも「第六番目の千年紀が過ぎ去った」との共通の理解があったという。人間の千年は神の目には一日に映り、キリストはその六日目の半ばに生まれた、との認識も年代記作者たちに共有されていた。そして、主が眠りに就く六日目の晩が来る前に人類に悔悛のための半日の猶予を与える、とされた。あるいは、最後の審判ないしキリストの再臨が期待されていた。

人びとが観念を共有することによって、現実も生み出される。終末への畏れと待望。また、エルサレムへ赴き自分の笏と冠をオリーブの山に据えて「最後の時」に備えるべきとされたローマ皇帝の職務。これらの想いはユスティニアヌスの念頭にもあったのではないか、と近年の研究では考えられている。叔父ユスティヌスの副帝として事実上帝国の舵取りを始めたときからすでに、そして単独皇帝になってから矢継ぎ早に展開した彼の活動を理解する上で、以上のことは今や重要な観点となっている。

時を刻む人びと

前章で紹介したように、ヨーロッパ世界にはその後も「大帝」と呼ばれる者たちが出現した。八–九世紀のカール、一〇世紀のオットー、またビザンツ皇帝バシレイオス二世等。彼らはいずれもユスティニアヌスを模範とした点で共通していた。彼らの活動を各々の同時代理解と重ね合わせたとき、興味深い意義が浮き彫りになることだろう。

八世紀末のカールの周辺でも、自分たちの置かれた時代の位置を確認しようとする動きがあったことが知られる。『ケルンの覚書』と呼ばれる短いメモが残されている。そこにもまた、天地創造からそのときまでの時間の流れについて考察が行われていたことが記されていた。

アダムからキリスト受難まで五二二八年である。世界の始まりから、この年すなわち国王カールの統治第三一年までは、ヒエロニムス訳のヘブライ語聖書によれば、五九九八年であるが、セプトゥアギンタ〔七十人訳〕によれば六二六八年になる。主の受肉以来七九八年である。この年、ザクセンからホスピテースとして〔欄外に obsides＝人質と書き込みあり〕人口の三分の一を移し受け入れた。そして、ギリシアから使節が来て、彼〔国王カール〕に皇帝を与えた。それにしても、骨を折って本を読み、計算をより正しく行うことは楽しいことではない。

「ザクセンからホスピテースとして人口の三分の一を移し受け入れた」とあるのは、カールの治世に三〇年以上にわたったザクセン戦役(七七二―八〇四年)での戦勝時における人質のことである。フランク王カールの四六年間にわたる治世のうち三〇年以上を費やしたこの戦役の意義は大きく、フランク王国の北に広がっていたザクセン地方の人びとを最終的にカトリック化し、大フランク王国を打ち立てたことは、まさに近代ドイツ人の国民意識からすると「ヨーロッパの成立」とも評価される偉業だった。この後一〇世紀になると、前述の通りザクセン公だったリウドルフィング家のハインリヒ一世がフランク王になる(九一九年)。ドイツ史学は、この即位をもってハインリヒを「ドイツ国家の建設者」とまで称揚している。

「ギリシアから使節が来て」とあるのは、西暦年号に錯誤の可能性が残るものの、前述の通り、ビザンツの女帝イレーネからの使節が到来したことを裏書きしている。この使節は、アーヘンの聖堂でギリシア語によるミサを挙げ、カールに皇帝称号を伝えた。

このメモの作成者は、古文書を漁り、彼らの「現在」が世界暦で何年に当たるかを探索したが、それは「楽しくない」作業だったようだ。ここでもまた、六世紀のマララス『年代記』第一八章と同じように、自らの生きる時代を位置づけようとする人びとがいた点は注目される。マララスと異なるのは、聖書（ヒエロニムス訳のヘブライ語聖書、およびセプトゥアギンタ〔七十人訳〕）への言及があること、つまりキリスト教的な世界観のなかで比定が試みられている点である。このことから、このメモの作成者は、ケルン大聖堂に勤務する聖職者、ないしその周辺の者だった可能性が高いと思われる。

「紀元千年の恐怖」の真相

ここで一〇世紀に立ち戻ろう。第1章で述べた通り、この時代は「紀元千年の恐怖」が飛躍的に高まった時代であった。西フランク王ルイ四世の王妃ゲルベルガの依頼に応えて、修道士アゾが執筆した預言的叙述を思い出してほしい。「破滅」（＝反《アンチ》キリストの登場）は、すべての王国がローマ帝国から離脱するまで起こらないだろう、ローマ帝国はフランク王のなかに脈々と伝わっており、彼らフランク王が続くかぎり、「世界」は続いていく、と。安心を説くこのような言説からは、広く存在した終末への「恐怖」がむしろうかがえよう。

五世紀から六世紀に醸成されて地中海＝ヨーロッパ社会の歴史における伏流となった終末論的観念は、一五世紀末にはレコンキスタ（国土回復運動）や「新大陸の発見」をもたらした。もとよりこの時代は、世界暦の七〇〇〇年を迎えるに当たっていた。一連の出来事は、この「世界が完成する」時期にあって、イベリア半島のキリスト教徒の王がアンチキリストの登場（「破滅」）を抑止しようとした活動の結果だったと考えることができる。「新大陸の発見」もまた同様の活動のひとつの結果、と理解することができようか。中南米世界と邂逅したヨーロッパ人は、現地の人びとを殺戮したという。異質な文化・習俗の人びとが、アンチキリストの可能性があると受けとめられたのではないか。しかし、かかる非人道的行為を支えたヨーロッパ人側のモチーフを明示的に語る史料の痕跡は、管見のかぎり見当たらない。

ともあれ、何より情熱をもって時代に立ち向かい、烈日のもと吹き抜けた風とでもいうべき者たちを生んだことに、ヨーロッパ史の伏流水の存在を感じざるをえない。

第3章

ヨーロッパ世界の広がり

――外　延――

ロマノス2世とエウドキア
(Bibliothèque nationale de France, Cabinet, Paris)

一　古代末期から長い「中世」へ——ヨーロッパ史の基層

ヨーロッパ史の基本要素

ここであらためて、その広がりの観点から「ヨーロッパ世界」とは何かを考えてみよう。その基層には、何より「ローマ帝国」と「キリスト教」の要素が織り込まれている。両者は、四―六世紀のいわゆる「古代末期」において融合し「ヨーロッパ世界」の基礎を築いた。

「古代末期」にできあがったヨーロッパの基層は、キリスト教の救済観念にもとづくローマ皇帝が統べた版図とほぼ一致するかたちで存在した。文化的観点からするヨーロッパ世界の範囲は、現在の私たちが想定するヨーロッパの版図よりも広い。それは、東はシリア・メソポタミアから西はイベリア半島まで、北は黒海の北側のステップ地帯、現在のウクライナ、ルーマニアから、南は地中海の北岸、つまり、現在のエジプト、リビア、チュニジア、アルジェリア、モロッコを含む地帯にわたっていた。

七世紀以降、アラブ・イスラーム勢力が伸張し、独自の国家建設に入って版図を広げていく。

この政治変動に伴い、キリスト教徒コミュニティがアラブ・イスラーム国家のもとに組み込まれていく地域が多くなった。つまり、キリスト教徒コミュニティは固有の国家・社会を営まなくなり、その結果、それらの地域が外れて、現在私たちが想定するヨーロッパ世界に落ち着いていった。ただし、アラブ・イスラーム国家のもとに組み込まれたキリスト教徒コミュニティはその後も長らく残存し、ある地域にあっては、現在もなお存続している。その点で、地中海周辺地域にはヨーロッパの基層が現在もなお、うかがい見られるのが実情である。

キリスト教ローマ帝国は、まずもって私たちがビザンツ帝国と呼ぶ国家によって体現されていた。西欧のゲルマン諸部族国家、また最後まで命脈を保ってその後のヨーロッパ史を紡いだフランク王国など、地中海周辺の諸地域社会は、国家理念ばかりでなく現実の制度においても、ビザンツ帝国との関係のなかで自らを位置づけ、その擬制のもとで存在した時代が長く続いた。社会生活にあっては、新しい文化要素としてのキリスト教会・聖職者らを自らに組み入れて、新しい国家社会をかたち作っていった。

鼎立する普遍世界

キリスト教ローマ帝国という観察枠組みをとった場合、ユーラシア大陸にはいくつか同様に、それ自体で自己完結的な普遍世界が存在したことにも気づく。中華帝国、またイラン高原を中心としたペルシア帝国の世界である。

ユーラシア大陸における普遍世界の鼎立を前提としながら、「ヨーロッパ史」の実体としてのキリスト教ローマ帝国の枠内で歴史が展開していった、と理解する視点が、私たちには必要である。その他の普遍世界との文明論的比較の視座の上で、ビザンツ帝国およびのちのフランク帝国において見られた「帝国」観念、また「世界」理念についての観察が求められることになる。

コンスタンティノープルに座した皇帝(ビザンツ皇帝)が、国家・社会がキリスト教化した後も一貫して「ローマ皇帝」と称したことには留意しなければならない。歴代皇帝は、かかる自意識のもと「世界」を見渡し、その安寧に心をくだいた。彼らの自己了解、振る舞うべきとされた当為の内容と意識の構造はどのようなものだったのか。人びとが抱いた「世界」についての秩序観、また「帝国」観から、ひとつの解答が与えられることだろう。

それは、東地中海の世界ばかりの問題ではない。イタリア、またアルプス以北の地域にあっても、同様の世界観、帝国観を長らく共有していたことは、前章までで見た通りである。よく知られるように、ドイツ帝国が一八七一年に成立した後も、しばらくはローマ法が彼らの現行法であった(ドイツ民法典の成立は一九〇〇年)。つまり、キリスト教ローマ帝国の文明を、周辺社会の王たちも共有する世界が広がっていたのである。いわば、その範囲がヨーロッパ世界の広がりを示しているといってよい。

現在のヨーロッパ諸国は、一八世紀の後半以来「国民国家」となり、また「近代社会」化した国家である。それ以前の長い「中世」においては、それとは違う仕組みの国家と社会があったとされ、また後述するように、社会類型としても近代とは異なる社会と国家が確かに営まれていたと思われる。ヨーロッパの歴史のなかで国家と社会が転成していった様相を展望することは、容易なことではないが、学ぶべきヨーロッパ史の本質といってよい、と私には思えるのである。

本書では、第五章で「近代社会」の相貌についてスケッチしたいと思っている。そうすることで、ヨーロッパ史の転換についての本書の理解を示し、転換（近代化）後に形成された「近代的なヨーロッパ史」像の特徴を指摘したいと考えている。その前に、長い「中世」つまり古層のヨーロッパについての見通しを得ておくのがよいだろう。

もっとも、中世国家、中世社会という近代の用語法で語られる内実は、歴史現実において決して画一的なものではなかったことは論を俟たない。地域偏差を伴って社会の個性が展開していたのであるが、本章では、各地域に通底するヨーロッパ的な人と人との結びつきのあり方に関心を寄せながら、まずは「世界」についての認識がどういうものだったのかを、一〇世紀の皇帝が編纂させたギリシア語史料の紹介を通じて共有していただくのがよいかと思う。

図11　コンスタンティノス7世ポルフィロゲニトス(左．モスクワ，プーシキン美術館蔵)

「帝国」を語る一〇世紀の書

一〇世紀半ば(九五二年)に編纂された『帝国の統治について』という書物がある。

ビザンツ帝国の皇帝コンスタンティノス七世(在位九一三—九二〇、九四五—九五九年。図11)が、具体的な世界事情を伝えながら、自らも筆を執って「帝国」のあり方を記した書物である。息子ロマノス(のちのロマノス二世。在位九五九—九六三年)一四歳の誕生日の折りに、「帝国」経営のいわば指南書として贈る、と序文に記されている。

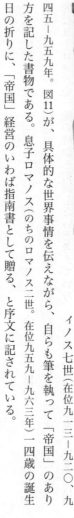

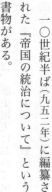

そこには、地中海各地の事情が記されており、各地における諸民族の性格から、相互の交渉に至るまでの歴史が見てとれる。私たちは、この文書内容を追跡することで、そこでの情報整理のあり方とともに、ビザンツの皇帝が「世界」また「帝国」についてどのような認識をもっていたのかを、かいま見ることができるのである。

九—一〇世紀は、ビザンツ一千年の歴史のなかで比較的安定した時代だった。もっとも、対外的には七世紀に勃興したアラブ・イスラーム勢力との緊張関係の只中にあり、後述するように、歴代皇帝は対外戦争に間断なく意を払わざるをえなかった。この点で、地中海世界の政治経済地図は七―八世紀に大きく変貌していた。

前述の通り、キリスト教ローマ帝国としてのビザンツ帝国の体制は、五―六世紀にはほぼ完成していたと見ることができる。ユスティニアヌス帝期の法典編纂や制度設定、また帝国が東ゴート王国など当時のゲルマン諸部族国家にも大きな影響を与えていたことは、その証左といってよい。しかし、七―八世紀におけるアラブ・イスラーム勢力勃興期は、このキリスト教世界全体に枠組み変更を迫ることとなった。彼らアラブ人が自らの国家をもつようになって版図を広げたことで、このローマ帝国の領土は縮減した。また、イタリア半島情勢の変化(ランゴバルド王国のイタリア侵入)により、ローマ教皇座は、自らのパトロン(守護勢力)をコンスタンティノープルの皇帝からカロリング朝フランク王へと移し、それはフランク王国が発展する契機となった(第1章)。

地中海＝ヨーロッパ世界の政治変動

八〇〇年のクリスマスの日に、フランク王カールが都市ローマで「皇帝」の冠を戴いた。聖ペトロ教会で執り行われたこの戴冠は、西ヨーロッパ世界が、地中海全域をカバーするキリスト教ローマ帝国世界から政治的に自立しようとした出来事とされてきた。

この出来事により、九世紀以降のビザンツ帝国にあっても、そのキリスト教的世界観に何ほどかの変質があったかもしれない。事実上の支配領域を東地中海世界に限定され、しかもシリアからエジプト、また北アフリカ一帯をイスラーム勢力の手に奪われて領土を縮減したビザンツ帝国にとって、「世界」の支配者としての世界観の変質の存否は、ひとつの大きな問題といわなければならない。

八世紀の地中海世界は、アラブ・イスラーム勢力が北アフリカを西進した時期でもあった。パレルモが、北アフリカからやってきたアラブ軍によって占領されたのが八三一年。以後、パレルモを拠点とするアラブの海軍がシチリア、南イタリア各地を攻撃しはじめる(第1章図7参照)。キリスト教世界にとってとりわけ重要だったのは、八四〇年のターラントに続いて、バーリが八四一年に占領されたことだった。アプーリア地方の中心都市バーリは、イタリアにおけるビザンツ帝国の拠点で、古来守備隊が置かれていたのだった。その後、キリスト教勢力(ビザンツおよびフランク軍)は、バーリ奪回をめざして微妙な政治関係のなか連携を模索した。『帝国の統治について』は、このような地中海＝ヨーロッパ世界の歴史と現状を記していた。

マケドニア朝の系譜

『帝国の統治について』が編まれるまでの、八―一〇世紀のビザンツ帝国事情について簡単に紹介しておこう。フランク王カールが皇帝の称号を帯びたことで、特に九世紀から一〇世紀の東西交渉は新しい局面に入っていた。これまで扱われることのなかった「皇帝称号問題」が、それぞれの思惑のもと重要な課題となっていったからである。

ビザンツの歴代皇帝は、自らを一貫して「ローマ人の皇帝」と称した。国家観念としても「ローマ帝国」以外のなにものでもなかった。ビザンツ帝国と通称される国家は、キリスト教の要素と結びついて社会構造の一部が変容してはいたが(第1章)、それ以外は古来のローマ理念を継承していた。

『帝国の統治について』が記された一〇世紀のビザンツ帝国は、七世紀以降の対アラブ戦が常態化する国際環境のなかにあっても相対的な安定期を迎えていた。国内では文化活動が活発化し、いわゆる「マケドニア・ルネサンス」と呼ばれる時期を迎える。この時代がそう呼ばれるのは、コンスタンティノス七世の祖父バシレイオス一世(在位八六七－八八六年)がマケドニア地方出身だったからである。

ビザンツ社会では、有力者が取り巻きを引き立てることが少なくなかった。武勇に秀でたバシレイオスは、幾人かの有力者を渡り歩き、最終的に皇帝ミカエル三世(在位八四二－八六七年)の側近となり、そのひきで帝国の高位官職にも就いていた。高位官職に上った頃には、バシレイオス自身も一団を抱えるパトロンとなっており、自らの取り巻きも関与してクーデタを起こし、八六七年に主人ミカエルを暗殺して帝位を奪った。バシレイオスは生粋の軍人だったが、当時の文人たちの保護にも意を払った。文人フォティオス（二度にわたりコンスタンティノープル総主教。在位八五八－八六七、八七七－八八六年）らの活動はマケドニア朝を彩っている。

その息子でコンスタンティノス七世にとっては父となるレオン六世は、バシレイオス一世没後の八八六年に皇帝となる。当代一流の文人フォティオスの指導を受け、教義問題からフォティオスを追放したものの、この師から多方面にわたる学識を学び、多くの典礼詩や世俗詩、演説などを残して、「賢帝」「哲人」と綽名された。レオンの文人としての活動は、この時代を彩る偉業であった。詩編などの文学作品に加えて、ユスティニアヌス（大帝）が編纂させた『ローマ法大全』のギリシア語改訂版である『バシリカ法典』、また首都コンスタンティノープルの商工業者組合に関する法令集『総督の書』など、法律書の編纂を命じている。

ロマノス一世の登場――皇帝のあり方

レオン六世没時（九一二年）、コンスタンティノス七世はまだ六歳だった。レオンの弟アレクサンドロスが帝位を継いだが、彼が早世し、結局コンスタンティノスが幼くして皇帝となった。そして生母ゾエ・カルボノプシナが摂政となった。ゾエ執政時代も対外戦争は継続されたが、九一七年、ブルガリアとの戦いに敗れ、摂政ゾエの権威が失墜する。この機に海軍司令長官だったロマノス・レカペノスがクーデタを起こし(九一九年三月)、ゾエ・カルボノプシナは追放された。

ロマノスは、アルメニア人農民の子として生まれた。その点で、ユスティニアヌスやバシレイオス一世と同様の出自だった。この帝国では、多彩な出自の人材が、自らの才能と努力と幸運によって、高位の官職、爵位に上り詰めることができたのである。

彼は海軍の士官として帝国に出仕し、海軍司令長官にまでなっていた。クーデタ後、娘ヘレネをコンスタンティノスに嫁がせてその義父となり、同九一九年九月には副皇帝、一二月には共同皇帝となって、帝国の実権を掌握した。そして九二〇年一二月には、自ら正皇帝ロマノス一世として即位し(在位九二〇—九四四年)、コンスタンティノス七世を共同皇帝へ格下げした。コンスタンティノスは第二位どころか第三位、また一時は第五位にまで格下げされている。ともあれ、以後二四年間、コンスタンティノスは帝国経営の実務から遠ざけられていた。

即位後のロマノス一世は、巧みな婚姻策によって貴族との結びつきを強化し、レカペノス家による帝位の世襲化を図ったが、この試みは挫折した。九三一年、期待していた長男のクリストフォロスが父に先立って早世したからだった。ロマノス一世は世襲をあきらめて、九四四年にはコンスタンティノス七世を帝位継承者として指名している。ロマノス一世には、クリストフォロスのほかにも二人の実子(ステファノス、コンスタンティノス)がいたが、無能と評して継承者から除外した。ところが、この処遇に対して二人の実子が不満をもち、九四四年にロマノス一世は帝位を追われた。

さらに二人は、コンスタンティノス七世をも排除して帝位をわがものにしようとしたが、コンスタンティノス七世が宮廷護衛隊と民衆の支持を得ていたので失敗した。逆に宮廷護衛隊の機転で二人とも捕縛され、追放されてしまった。こうして、コンスタンティノス七世が正皇帝として復位することとなったのだった。

コンスタンティノス七世

九四五年、コンスタンティノス七世は単独皇帝となった。以後、五四歳で没するまでの一四年間、帝国の実権を握ることとなる。ただ、舅だったロマノス一世に長く宮廷の実権を握られ、青年期より有職故実に親しむばかりで実務経験がなかったため、統治実務には向かなかったようだ。この単独統治の時代も、実質的差配はロマノス一世の娘、皇后となったヘレネほか数名の高官に握られていた。彼が関心をもって取り組んだのは外交、特に外交使節を迎えての儀式のこと、とりわけ細かな事柄だった。

コンスタンティノス七世は、ビザンツ皇帝のなかであまり類例を見ない存在だった。それは、綽名の「ポルフィロゲニトス」が示すように「緋室生まれの」正統なる後継者として父帝の在位中に生まれ、帝位を受け継いだからである（第1章で取り上げたバシレイオス二世を思い出してほしい）。ビザンツ皇帝は、コンスタンティヌス一世から、一四五三年の帝国滅亡時のコンスタンティヌス一一世まで、総計で八六名を数える。このうち四三名はクーデタでその座を追われた。たびたび言及したように、この帝国は、血統による帝位継承はむしろ稀で、運と才覚に恵まれた者が皇帝になる社会だったのである。

コンスタンティノス七世は、生涯を通じて四つの編纂物をのこした。以下で取り上げる『帝国の統治について』と、『儀礼について』『テマについて』『バシレイオス（一世）伝』である。

本章では主として『帝国の統治について』の概容を紹介することでコンスタンティノスが「帝国」の広がりをどのように理解していたのかを紹介したい。また、やはり帝国観念について伝える『儀礼について』からも適宜取材しておきたい。なお、『テマについて』は、帝国の地方行政単位であるテマごとに各地の事情を記しており、『バシレイオス（一世）伝』は祖父帝の出世譚である。

継承者ロマノス二世と西欧との結びつき

『帝国の統治について』が贈られたロマノス二世についても簡単に述べよう。年代記が伝えるロマノス像は、政治的に無力という点では父コンスタンティノスの素質を受け継いだ反面、父がもっていた旺盛な知識追求欲はどうにも引き継がなかったようである。また、父の期待したような怜悧で賢明な皇帝ともならなかったようである。ハンサムで人好きのする人物だったが、意志力に欠け、軽はずみな傾向もあったようだ。そして、おそらく放蕩疲れにより、早世したのだった。

ちなみに、ロマノス二世は二度結婚している。一度目は、アルル伯(プロヴァンス伯も兼ねていた)フゴの庶出の娘ベルタ・エウドキアとの婚儀だった(本章の扉口絵を参照)。新婦は一〇歳から一二歳ほどだったと想定され、子を生《な》すことなく没した。ロマノスは、やがてテオファノと二度目の結婚をする。このテオファノは、帝国全土から妃候補を推薦させ、皇太子が見初めるかたちでの輿入れとなった。「ブライドショー」で妃となったテオファノ。彼女とのあいだに、ロマノスは少なくとも三人の子供をもうけた。長子は、のちに大帝とも称されたバシレイオス二世で、対外的にも威勢のよい政治的安定期をつくりあげた。その弟は、兄の治世中、補佐役として活躍し、兄の没後コンスタンティノス八世となり、帝国の舵取りをした。このほかに少なくとも一人、娘のアンナがおり、九八八年にキエフ大公ウラディミルに嫁いでいる。

キエフ大公との婚儀は、兄バシレイオス二世がバルダス・フォーカス(ロマノス二世の後継者で、クレタ、キプロス、アンティオキアをイスラーム勢力から奪回した国民的英雄ニケフォロス二世フォーカスの甥)との内戦で、ルーシ(ロシア人)の援軍を求めた見返りだった。この婚儀とひきかえに、ルーシの正教《オルトドクス》への改宗が実現したことは、その後のロシア世界にとって画期的な出来事となった。

二　「世界」の広がり――『帝国の統治について』

帝王学の書

『帝国の統治について』はコンスタンティノス七世の主著であり、全五三章から構成されている(表)。一見して了解されるのは、この書が、周辺諸民族との関係、いわば外交に関する指南書の体裁となっていることである。『帝国の統治について』という書名は、のちにオランダ人古典学者メウルシウス(一五七九―一六三九年)が内容を踏まえてラテン語で付けたものであり、ギリシア語原文テクストの劈頭は次のような書き出しだった。

永遠なる皇帝キリストによりてローマ人の皇帝たる余から、神の御手により加冠されたる緋室生まれの息子ロマノスへ

これはいわば原タイトルであり、この一文からも帝国経営の指南書として構想されていたこ

28　今日ヴェネツィアと呼ばれる場所の歴史
29　ダルマチアとこれに帰属する諸族について
30　属州ダルマチアの歴史
31　クロアート人と彼らの現在居住地について
32　セルビア人と彼らの現在居住地について
33　ザクルーミ人と彼らの現在居住地について
34　テルブニオス人およびカナリート人と彼らの現在居住地について
35　ディオクレイア地方の住人と彼らの現在居住地について
36　アレナダニ人とも呼ばれるパガーニ人と彼らの現在居住地について
37　ペチェネグ族について
38　トゥルク族の系譜と彼らの出身地について
39　カバリ族について
40　カバリ族の各部族とトゥルク族について
41　モラヴィア地方について
42　以下の諸地域についての地理的記述．テッサロニキからドナウ川まで，およびベオグラードについて．トルコ，パツィナキアからハザール人の町サルケル，またロシアおよびポントス海に位置するネクロフィラ(ドニエプル川近傍)までについて．ボスポロスからケルソンまでの町々，および大きさの点で海とも呼ばれるマエオティス湖までについて．タマタルカと呼ばれる町，ツィキア，さらにはパパギア，カサキア，アラニア，アバスギア，ソティリウポリスまでの地域について
43　タロン地方(スキタイ地方北部)について
44　アパコニヌス地方とマンジケルト，ペルクリ，クリアト，カリアト，アルゼス，ティビ，ケルト，サラマス，ツェルマツの町々について
45　イベリア人たちについて
46　イベリア人たちの系譜．アルダヌツィの町について
47　キプロス人たちの移住については以下のごとし
48　大宮殿内トルロス宮で開催された第6回公会議の第39章について
49　スラヴ族がどのようにしてパトラ教会に奉仕し従うようになったかを問い合わせる者が現状から学ぶ
50　ペロポネソス地方のスラヴ族，ミリンギ人，エゼリタイ人，および彼らからの貢ぎ物について．また，マイナの町とその貢ぎ物について
51　皇帝のガレー船がなぜ造られたのか．このガレー船の舵手らについて．また「フィアレスのプロートスパタリオス」に関するすべてのこと
52　ロマノス帝治世にペロポネソス地方の馬が求められたことについて承前
53　ケルソンの町について

表　『帝国の統治について』構成

1　ペチェネグ族，およびローマ皇帝との平和的共存によりどれほど多くの利点がもたらされるかについて

2　ペチェネグ族とルーシについて

3　ペチェネグ族とトゥルク族について

4　ペチェネグ族とルーシ，トゥルク族について

5　ペチェネグ族とブルガール族について

6　ペチェネグ族とケルソネス地方の者たちについて

7　ケルソネス地方からパツィナキアに向けての皇帝使節出立について

8　皇帝使節が軍船とともに神の御加護により守られたる都を出立し，ドナウ，ドニエプル，またドニエプル川に沿ってパツィナキアに向かったことについて

9　ロシアの地からルーシが「一本マスト船」でコンスタンティノープルにやってきたことについて

10　ハザールについて．彼らへの戦いはどのようにして誰によってなされなければならなかったか

11　ケルソンの町，ボスポロスの町について

12　いわゆる黒ブルガール族がハザールを攻撃した

13　トゥルク族に服属する諸民族について

14　ムハンマドの系図について

15　ファーティマ朝の部族について

16　世界暦 6130 年〔西暦 621 年〕9 月 3 日，サラセン族が本拠を出立．占星術者ステファヌスの占いによる．ヘラクレイオス帝がローマ帝国を支配していた 12 年目のこと

17　テオファネス年代記から

18　アラブ族第 2 の首長アブー・バクルの統治は 3 年間に終わった

19　アラブ族第 3 の首長ウマル

20　アラブ族第 4 の首長ウスマン

21　テオファネス年代記から――世界暦 6171 年〔西暦 662 年〕のこと

22　テオファネス年代記から――マウイアスとその一族について．彼がどのようにスペインに渡ったか．ローマ皇帝は，ユスティニアノス 2 世リノトゥメトス

23　イベリアおよびスペインについて

24　スペインについて

25　シグリアーナの聖テオファネスの『歴史』から

26　高名な王フゴの系譜

27　属州ロンバルディアと同地の諸侯・統治者について

とがわかる。

この書物が本文で語るのは、当時の世界の中心から眺めた周辺部の様子である。それは概括的にいえば、コンスタンティノープルを中心として、帝国の周辺部に居住する諸民族の現状と歴史、またその地理的環境について記した、いわば歴史と地誌の百科全書だった。ソロモンの知恵と栄光を繰り広げる旧約聖書(例えば『詩編』七二)などから引用しているテクストは、支配者にとっては知恵こそが有用な美徳である、と語っている。イソクラテス以来の古典古代的理想、また、およそあるべき支配者像を伝えている。それは、「帝国」を統治すべき皇帝が身につけるべき帝王学として構想されたものだった。

この書の成り立ちにも歴史があった。同書は当初、九四〇年代に編纂されていた。最初の編纂物は『諸民族について』という名で、国内の諸属州について記した『テマについて』と並行して、これを補うものだったようである。つまり、『テマについて』が帝国内の諸地方を属州ごとにカタログしたのと同様の体裁で、帝国周辺に展開する諸民族について記したものだった。当初の『諸民族について』の記述内容を順番通りに記せば、サラセン人、ランゴバルド人、ヴェネツィア人、スラヴ人、マジャール人、ペチェネグ人たちで、『帝国の統治について』の構成に即していえば、第一四—四二章に当たっていた。

ともあれ、九五二年に現在のかたちに増補されて編纂された書物は、大別して四部構成となっていた。第一部ともいうべき部分は、当時の地中海＝ヨーロッパ世界でもっとも剣呑で錯綜した政治状況となっていた地域、すなわち「北方人とスキタイ人」の居住地での政治情勢とそれへの対応を記していた。第二部は、同地域に居住する諸民族との外交。第三部は、帝国周辺に展開する諸民族の歴史的、地誌的記述である。全体のなかでもっとも長文であり、サラセンに始まり、地中海、黒海を経巡るかたちで帝国東部のアルメニア国までを順次記している。第四部は、帝国内での近時の歴史、政治、また国家組織に関する簡要な記述である。

編纂の意図

九五二年版の同書序文には、編纂の意図がコンスタンティノス七世によってこう記されていた。少し長文だが、全文を紹介しておこう。

賢き息子は父の誉れ。聡明な息子に、愛情深き父親は喜びを見いだす。

主は、話すべきときに話すために、人間に才知を与え、それを聞くために、人間に耳を付した。智恵の宝は主とともにあり、すべての完璧な贈り物は主より来たる。主は皇帝たちを玉座に置き、彼らに、万民に対する支配権を与えた。

そこで息子よ。私のことばに耳を傾けよ。私の教えを体したならば、お前は聡き人びとの一人になろう。賢き人びとの一人にかぞえられよう。民衆はお前を祝福し、夷狄《エトネー》の民の群れはお前を称賛するであろう。すべての者にさきがけてお前が知らねばならぬことに通暁せよ。帝国支配の舵を、分別をもってしかと握れ。今の事態を究め、今後起こるであろう事態に通ぜよ。しからばお前は、賢く経験を積み、お前の仕事に立派に堪えうるものとなるであろう。

よいか！　私は以下の諸点についてお前に教えを垂れる。それによってお前が経験と知識を積んだ結果、何がもっともよき意見か、何が全体のためになるか、について判断を誤らないようになるために。

まず第一は、それぞれの夷狄の民は、ローマ人に対し、どの点で役に立ちうるか、どの点で危害をもたらすおそれがあるか、について。および、それぞれの夷狄の民に対して、いかにして、また、いかなる他の夷狄の民をもって、戦火をひらき、彼らを服属させることができるか、について。

第二は、彼らがもっている、餓えた、飽くことなき気質について、また、彼らが法外に要求する賜物について。

第三は、彼ら相互の差異、彼らの起源、習慣、生活方法、彼らの住んでいる地方の位置と気候と地理的測量的記述について。さらに加えて、さまざまな時期にローマ人と夷狄の民とのあいだに起こった事件について。

最後に、折々にわれわれの国家に導入された改革、また、ローマ人の帝国全般にわたった改革について。

以上の事柄を私は、私自身の知恵で見つけ出した。そして、それらが、私の愛する息子よ、お前に伝えられるよう人びとに命じた。お前が、これら夷狄の民たち相互はどう違っているのか、いかにそのそれぞれと交渉し妥協すべきか、あるいは、武器に訴えて戦争すべきか、について知ることができるように。こうしてこそ、彼ら夷狄の民は、大いなる知恵者としてのお前のまえにうちふるえるであろう。火から逃れるようにお前のもとから逃げ去るであろう。彼らの唇は、くつわをはめられ、お前のことばが矢さながらに彼らに致命傷を負わせよう。お前は彼らから、畏れをもって見られよ。しからば、お前の顔から、戦慄が彼らを包むであろう。全能なる主は、その楯でお前をかばうであろう。お前を創った主は、お前を賢い者にするであろう。すなわち主は、お前の歩みを方向づけ、お前をゆるがぬ礎《いしずえ》の上に置くであろう。お前の玉座は主の前の太陽。主のまなざしはお前にそそがれて、いかなる災いもお前に触れることはないであろう。なぜならば、主はお前を選んで母の胎内よりわかち、万人にぬきんでた者としてお前に、主の帝国を与え、護られた者としてお前を丘の上に置き、黄金の彫像としてお前を高所に置き、山の上のまちとしてお前を高くあげ、夷狄の民がお前に貢ぎ物を運んでくるよう、地上に住む夷狄の民がお前のまえで跪《ひざまず》くよう、なし給うたからである。

だが、その支配が永遠に亡びることのない主なるわが神よ。あなたのお陰で私から生まれたわが息子をその道で成功させてください。あなたの御顔の凝視がわが息子に向けられんことを。あなたの御耳がわが息子の切なる願いに傾けられんことを。あなたの御手がわが息子を覆わんことを。その結果、わが息子がまことのために統治せんことを。あなたの馬手《めて》がわが息子を導かんことを。わが息子の道があなたの前に直《なお》く、あなたのお定めになったことを守らんことを。敵がわが息子の面前で倒れんことを。わが息子の敵が塵《ちり》を舐《な》めんことを。わが息子の一族の幹が、数多い子孫の葉で覆われんことを。わが息子の果実の陰が帝国の山々を覆いつくさんことを。主よ、あなたゆえに皇帝たちは君臨し、永遠にあなたを讃美する。（渡辺金一訳を一部改変）

コンスタンティノスは、息子ロマノスが「夷狄《エトネー》の民の群れ」の現状と歴史を知り、「帝国支配の舵を、分別をもってしかと握れ」と説く。夷狄《エトネー》の民の気質、また「彼ら相互の差異、彼らの起源、習慣、生活方法、彼らの住んでいる地方の位置と気候と地理」に通暁せよ、という。そうすれば、夷狄《エトネー》の民らはロマノスを「大いなる知恵者」として称賛するだろう。そして、あるいは外交で、あるいはまた戦争で彼らを屈服させることができるだろう、というのである。皇帝は「万民に対する支配権」を行使する者だった。その玉座は「主の前の太陽」であった。「万人にぬきんでた者」ロマノスに「主の帝国を与え、護られた者としてお前を丘の上に置」いたのは「主」にほかならない。かくしてコンスタンティノスは、この序文の掉尾で「主」に礼を尽くし、祈り、讃辞を惜しみなく贈っている。

諸民族のカタログ

内容に多少とも立ち入って、順に見ていこう。

第一章から第一三章は、ペチェネグ族およびそれと行動を共にする、ないし周辺にうごめく諸民族について記している。ルーシ、トゥルク、ブルガールの諸族への言及があり、ペチェネグ族の居住地パツィナキア、またその他諸族の居住地だった黒海西北岸に関する記述が含まれている。この冒頭部は、もともとあった著述『諸民族について』に加筆された部分であった。

第一四章から第二二章は、ムハンマドとアラブ族の歴史について記す。原著『諸民族について』は、この部分から筆が起こされていた。それだけアラブ・イスラーム勢力との関係が重要だったことを物語っていよう。まず第二一章「テオファネス年代記から――世界暦六一七一年のこと」は、世界暦六一七一年、つまり西暦六六二年の出来事を伝える。ギリシア語による

『テオファネス年代記』から記事を引き、帝国東方の境域で立ち現れたイスラーム国家の歴史を記していた。続く第二二章では、ローマ皇帝ユスティニアノス二世の治世(六八五―六九五、七〇五―七一一年)の出来事が記される。同帝は、クーデタを起こしたテマ・ヘラスの長官レオンティオスによって帝位を追われた。障害をもつ者、身体に欠損のある者は帝位に就けないことから鼻を削ぎ落とされ、そのことを示す「リノトゥメトス」の綽名をもつ皇帝だった。ところがこのユスティニアノス、追放先のケルソンで「黄金の鼻」をつけ、再度帝位に就いた逸話をもつ。最初の治世中、六八八年にキプロス島を、ウマイヤ朝カリフ・アブドゥルマリクとで共同統治することとなる。同島は、以後九六五年に至るまで、共同統治下に置かれた。

この部分では、その後、マウイアスとその一族について言及し、彼がどのようにスペインに渡ったか等に言及している。イベリア半島に出現したいわゆる後ウマイヤ朝の宮廷とも、マケドニア朝の皇帝たちは交渉をもっていた。それは、コルドバにいたカリフ統治下のキリスト教徒コミュニティに対する政治的配慮を含んでいた。

なお、ザクセン朝の東フランク王オットー一世が、これより後の九六二年二月二日に都市ローマで「皇帝」となる。近年の研究では、この出来事も、またイベリア半島におけるキリスト教徒コミュニティを解放しようという壮大な政治プランを含む行為だったと考えられている。

さて、第二三章から第二五章は、そのイベリア半島とイスパニアについて記している。まず、

第二三章の冒頭で二つの「イベリア」についての説明がなされている。一つは「アポロドーロスに記されるイベル河からピレネー山脈まで」、つまり現代の私たちが通称するイベリア半島であり、もう一つは、ペルシア人らの方角におけるイベリアがある、と。前者については、アポロドーロスのほか、ヘロドトス、アルテミドーロスの記事を紹介し、後者についても、ディオニュシオス、アリストファネス、アルテミドーロス、メナンドロスらの古典から引用している。この部分の特徴は、遠いイベリア半島については、古来の文献からの情報引用が目立つことである。コンスタンティノープルから近い場所については、のちに触れるように直接の情報提供者がいたものと思われるが、この部分に関するかぎりそうした気配はない。

第二六章「高名な王フゴの系譜」は、一〇世紀半ばまでの南ガリア・北イタリア情勢について記している（図６参照）。「多くの文学作品、詩で顕彰されたカロルス（カール大帝）の血統を受け継ぐ」一族の系譜をなぞり、ロタール一世の血脈が子女によって流れ込んだアルル伯、ブルグント公について語る。高名な王フゴとは、当時、フリウリ辺境伯ベレンガリウス一世またその孫の同二世とイタリア王位を争っていた。イタリア名ウーゴともいい、イタリア王として九二六―九四七年に在位した。同書の記述によると九二三／四年にロンバルディアに進攻し、同地を平定した。これには、ベレンガリウス一世に反乱を起こした北イタリアの貴族たちへの援軍の意味合いがあった。その後、ブルグント王ルドルフをイタリア王に就けたもののイタリア貴族らの反乱が起こり、彼らの推挙でフゴがイタリア王になったという。フゴの息子ロタリウス(ロターリオ)二世(イタリア王在位九四五―九五〇年)も一時イタリア王にはなったが、事実上ベレンガリウス二世に実権を握られ、最終的に後者によって毒殺されたと見られている。

このようなイタリアおよびプロヴァンス地域の激動する政治情勢への関心が、この部分でも高い。同書は直接の情報提供者からの取材にもとづく内容が多いとされる。クレモナ司教リウトプランドが若かりし頃、最初に帝都を訪問した際(九四七年頃)に、多くの取材を受けたと想定されている。ともあれこの書物の当該部分は、現在、一〇世紀前半の同地域の歴史を語る上で最重要の史料とされている。

第二七章から第三六章は、北部イタリアからバルカン地域、またそこに展開する諸民族について記している。

第三七章から第四六章は、再びペチェネグ族への言及に戻り、トゥルク族、カバリ族などの状況に触れた後、テッサロニキからドナウ川、また今日のコーカサス地方からイベリア地方までの地理的説明をしている。

第四七章でキプロス島に触れられていることについては、当時の「帝国」環境を前提としなければならない。第二二章で語られていたように、六八八年以来、キプロス島はビザンツ皇帝とウマイヤ朝カリフとで共同統治することとなっていた。ただ事実上は、同島は長らくアラブ・イスラーム勢力のもとに征服されているといってよかった。当地を管轄教区としていたニコシア大主教は、長らく教区の司牧を行えずにいた。この場合むしろ、精神的な司牧というより、教区財産の管理権、諸権限から遠ざかっていた点が重要だった。この章は、教区経営にもとづく実利を、国制上、法制度上、安堵する内容だったのである。

続く第四八章「第六回公会議の第三九章について」は、このキプロス情勢に関わる旧法を引用している、と理解される章である。第六回公会議とは、コンスタンティノープルの大宮殿に付設するトルロス宮で六九二年に開催されていた。全体として、エフェソス公会議（四三一年）で決められた事項を追認した会議だった。ビザンツ的な典礼様式への同化を強いる事項が含まれ、教皇セルギウス一世（在位六八七―七〇一年）を含むローマ司教団は、決議への署名を拒否していた。ここで言及される第三九章は「キプロス島の司教について」と題され、アラブの侵攻で座所を離れた（エフェソスに逃れた）司教ヨハネスに、従前の司教権限を確認していた。『帝国の統治について』のこの箇所でも、トルロス公会議決議文と同一の文章が引用されていた。

情報収集の方法

同書は、当時の貴重な第一次情報を多く含んでいる。すでに紹介した一〇世紀のリウトプランドのように、帝都コンスタンティノープルには、帝国の東西、また北部からたびたび使節が往来した。イタリア、バルカン、パツィナキア(ペチェネグ族の土地)、また東方のアルメニア、コーカサスなどの地域に関する情報は、そのような使節を厚遇して取材したまぎれもない第一次情報だった。軍事、また外交面でも重要な地域であったので、特に詳細な情報を盛り込んだものと考えられるのである。

当然、帝国の意思に順応しない民族が行き交う「危険地帯」に関する情報もこの書には含まれた。それらの地域には、カタスコポンと呼ばれるスパイがいたようである。

カタスコポン(複数形カタスコポイ)とは、帝国外で活躍し、ビザンツ帝国の外交活動のために情報をもたらした諜報員(スパイ)だった。時代を遡れば、六世紀の歴史家プロコピオスが残した『秘史』にすでに登場している。九世紀のシリアノスによる軍事書『タクティカ』にも「カタスコポン」に関する記述が見られる。それは「軍事的な」職分で、プロコピオスと同様「商人に扮する」よう期待されている。「敵と同じ民族であってはならず、しかしその習慣を知悉しており、また相手のことばを自然に操り、その国内をよく旅している」必要があったという。

「帝国秩序」を現前化した儀礼

『帝国の統治について』には、〈ローマ人《ローマイオイ》〉と〈夷狄の民《エトネー》〉という用語が見られる。この一対の用語法に、コンスタンティノス七世が「帝国」をどう観念していたのかを、かいま見ることができる。

『帝国の統治について』では、まず何より「ローマ人の皇帝」が諸民族を束ねる役割を担っているとされた。諸民族の歴史と現状をよく知ることで、皇帝は彼らから畏れられる存在となるだろう。そうすれば、剣を交えるまでもなく彼らは皇帝にひれ伏すだろう、というのである。かくしてキリスト教的な観念世界での「子供」「兄弟」「友人」関係に擬えて外交交渉が繰り広げられた。コンスタンティノープルでは、帝国の周辺地域から多くの外交使節が到来し、現前化された帝国秩序のスペクタクルを目の当たりにしていた。

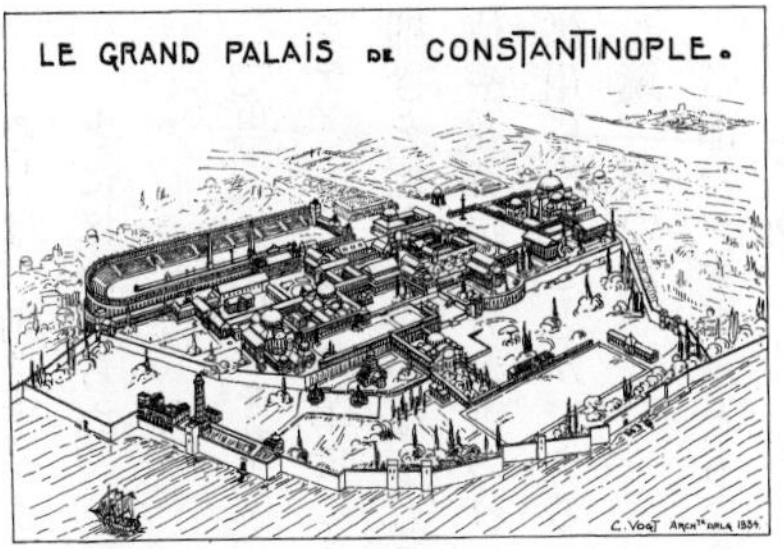

図12　コンスタンティノープル大宮殿周辺

この点で、コンスタンティノス七世のもう一つの主著『儀礼について』に、明晰なかたちで儀礼を執り行う意図が書き記されていた。この書は、コンスタンティノープルの大宮殿周辺(図12)で繰り広げられた儀式の次第を記録した史書であった。皇帝自らも筆を執ったという稀書には、厳粛にして華麗なセレモニーの模様が伝えられている。この書物の序文には次のように記されていた。

それは、創造主がこの世の全体に与えている調和ある運動を、目の当たりに映像化する《エイコニゼイン》ことにほかならぬ。

「帝国」の存在を華やかに高らかに誇示する効果への期待は、ほかならぬ皇帝自身（コンスタンティノス七世）の筆でこう語られていた。『儀礼について』序文にあっては、儀礼は「皇帝の輝きを比類なく妙《たえ》なるものにするために、牧場で摘んだ花」と喩えられた。そこでは「皇帝の位や元老院身分がおのれにふさわしいものを見いだし、その結果、支配の手綱を、順序正しく、厳粛に操ることができる」のだという。儀礼は「宮殿の真ん中に置かれた、曇りのない磨かれた鏡」なのだ、と。

帝都のシンボルともいえるハギア・ソフィア聖堂の美しく宏壮な佇まいは、聖なる神の宿り場としてのイメージを体現していた。帝都コンスタンティノープルは、キリスト教徒にとっての「聖都」であり、「帝国」は天上界の秩序を反映する秩序体だ、というのである。儀礼は、この大聖堂と宮殿の周囲で繰り広げられ、「帝国」ひいては「世界」を統べる「皇帝」の役割と機能をあまねく現前化させていたのである。

ビザンツ的国際秩序の理念

『帝国の統治について』と『儀礼について』で展開されるコンスタンティノス七世の「帝国」観念については、ドイツ人研究者O・トライティンガー、F・デルガーが次のようにまとめている。

天上に唯一存在する〈全能の神《パントクラトール》〉に相当した地上の唯一の〈全能の皇帝《アウトクラトール》〉がこの「世界」を統治する。皇帝の臣民である〈ローマ人《ローマイオイ》〉は、天上の帝国の秩序の模倣たる、キリスト教化されたローマの法秩序にまもられ、その保障する平和のもとで、文化の名に値する唯一の生活を享受する。

「帝国」は、天使の階層秩序を範として序列づけられた皇帝と役人によって統治される。「帝国」秩序の外に置かれた民族《エトネー》は〈野蛮人《バルバロイ》〉である。〈野蛮人《バルバロイ》〉は、世界《オイクメネー》を支配すべき使命を神から授けられたローマ皇帝の権限のもとに、いまでこそ実際には立っていないけれども、神がその救済計画のなかに、つかの間の存在としてあらかじめ織り込み済みなのであって、たてまえとしてはその臣民である。

皇帝の使命(「支配権によって世界を包括すべき政治的使命」および「布教によって世界をキリスト教化すべき宗教的使命」)が、不断に遂行される。

「子供」「兄弟」「友人」――擬制的親族秩序

『帝国の統治について』は、帝国周辺の諸地域に即して、各地に住まう諸民族の歴史、また各地の地理的環境について記していた。そこでは、〈ローマ人《ローマイオイ》〉と〈夷狄の民《エトネー》〉の対置が基軸とされたが、さらに複雑な仕分けが行われていた。ビザンツの皇帝を家父長とし、諸民族、諸国家の君主たちを「子供」「兄弟」「友人」に擬えていたのである。

ビザンツ皇帝文書の宛先である外国支配者の称号書式は、全体としては無原則に、雑然とつらねた記事として存在している。しかし、ビザンツ皇帝との縁故関係の有無および濃淡を認めることができ、これを標識として、四カテゴリーに分類することが可能となる。

例えば、『儀礼について』の第二巻末尾に添えられた「雑録」には、ブルガリア人王の使節がコンスタンティノープル宮廷に伺候した際の、皇帝謁見の模様が記されている。使節とビザンツ宮廷側とのあいだでこう挨拶が交わされた。

> 黄金の玉座に坐し給うと高き大皇帝陛下の御機嫌はいかがわたらせ給いますか。いと高き大皇帝陛下の御子息なる〔共同〕皇帝陛下ならびにその他の御子様方の御機嫌はいかがわたらせ給いますか。

これに答えて外務担当者がこう答える。

われらの皇帝の霊的息子にして、神より発するブルガリアの聖なる支配者の御機嫌はいかがわたらせ給いますか。神より発するブルガリアの聖なる御后の御機嫌はいかがわたらせ給いますか。皇帝の霊的息子の御子息方、御息女方の御機嫌はいかがわたらせ給いますか。

ここでは、皇帝は「霊的父」、ブルガリア人王が「皇帝の霊的息子」とされていた。父と子、皇帝側から見ての緊密な関係がうかがわれるといえるだろう。コンスタンティノス七世の編纂物を通じて、諸民族の支配者たちとの擬制的親族秩序が認められるのである。「子供」「兄弟」「友人」といった用語は、単なる隠喩《メタファー》としてではなく、公式文書での呼びかけに用いられる称号として登場する。皇帝官房で一貫して用いられており、不快感を表明する際には、故意に落とされた。

第三者によっても使用されていた。例えば五五六年、ローマ司教ペラギウスのパリ王キルデベルト一世(在位五一一－五五八年)宛ての書簡には、ビザンツ皇帝を「あなた方の父」と記していた。

自然的親族関係に倣って、第三者に対しても適用される。例えば、コンスタンティノス七世を「父」とするブルガリア人王の使節は、レセプションの席上、ロマノス一世レカペノス(コンスタンティノス七世の岳父)を「祖父」と呼んだ。

宛名となる支配者の法人格に続いて、その支配下の民族全体にまで拡大される。ブルガリア支配者ボリス一世(在位八五二−八八九年)の受洗(八六四年)以来、ブルガリアのツァールが有した「息子」の称号が、ブルガリア人全体の称号に拡大適用された。

実際の年齢とは関係なく使用されていた。一一歳だったコンスタンティノス七世(九〇五年生)に対し、ブルガリアのツァール、シメオン一世(八六四年生)は四〇歳以上も年長だった。

さて、それでは、具体的にどのような地域の支配者が「子供」「兄弟」「友人」だったのだろう。トライティンガーらの研究によれば、以下のようである。

(1)「ローマ人たちの皇帝」の「子供」(ないし「息子」)
　大アルメニア、アラニア、ブルガリアの諸キリスト教国の支配者たち。

(2)「ローマ人たちの皇帝」の「兄弟」
　ザクセン、バイエルン、イタリア、ドイツ、フランスの諸キリスト教国の王たち。

(3)「ローマ人たちの皇帝」の「友人」

(4)　エジプトの「エミール」、インドの支配者。

「ローマ人たちの皇帝《バシレウス・トーン・ローマイオーン》」(ビザンツ皇帝)との縁故関係を示す呼称をもたないカテゴリー

アルメニア、イベリア、アバスギアの諸地方の部分支配者たち。ローマ、ヴェネツィア、サルディニア、カプア、サレルノ、ナポリ、アマルフィ、ガエタの地方君主たち。モラヴィア、セルビア、クロアチアの諸地方の部分支配者たち。他方、ハンガリアの支配者、ロシアの支配者。ハザール族の可汗《カガン》、ペチェネグ族の可汗、アフリカ(カイルーアン)の「エミール」、アラブ人カリフ、「幸福なるアフリカ《イエメン》」の支配者たち。つまりは、一連の非キリスト教支配者たち。

キリスト教世界の一員だった諸地域の支配者たちが、皇帝(帝国)との関係における距離に応じて「子供」「兄弟」「友人」に弁別されていたことが、一見して理解されるだろう。なお、各地名によって表されるそれぞれの地域は、必ずしも一人の支配者によって統治されていたわけではなかった。帝国の威光や地域権力者の権能の及ばない地域が点在するのは、かつてのユスティニアヌス帝治世、つまり六世紀半ばまではあまり考えられないことだったが、九世紀までの段階で、地方社会における帝国権力の弛緩ともいうべき政治状況が展開していたわけである。『帝国の統治について』の記述からは、地方勢力の分断状況をうかがい知ることができるといわなければならない。この政治状況の反映として、何の呼称ももたない支配者カテゴリーが存在していた、というわけである。

三　共存と共生——「帝国」の儀礼とその遺産

帝国内で活躍した諸民族

コンスタンティノープルに座した「ローマ皇帝」の目線によれば、西ヨーロッパの王ばかりでなく、四方の王や族長たちとの関係の総体こそが「ローマ帝国」だった。

ここで、「子供」に擬せられた大アルメニアについては一言しておいたほうがよいかもしれない。アルメニア人の境遇と版図の変動は、ひとつの事例としてだけでなく、近現代ヨーロッパ史の観点からも重要だからである。

現在のアルメニア共和国の領域が定まったのは、二〇世紀初頭、第一次世界大戦後のことになる。一〇世紀当時の大アルメニアとは、現在のアルメニアを含みながらも、ギリシア語の古名でキリキア、今日の地中海沿岸の都市タウルス周辺を中心とする広域的な地域名だった。この大アルメニアは、一九一七年に至るまで、オスマン帝国支配下で存続していた。第一次世界大戦末期に、オスマン帝国の圧迫があり、住民の大虐殺もあったという。この政治的事件により、アルメニア人たちは、標高四千メートル級の山脈を越えて避難、現在のアルメニアに落ち着くのである。

アルメニア人は、三〇一年に独自にキリスト教を受容していた。三〇四年にはグルジア人（現ジョージア人）も、やはり独自にキリスト教を受け入れている。つまり、彼らは、ローマ帝国がキリスト教を国教とした三九二年よりもはるか以前、公認した三一三年よりも前にキリスト教化していたのである。大アルメニアを本拠としたアルメニア人らは、キリスト教化したローマ帝国内で、ローマ皇帝のもと高位高官になるなど、行財政、軍事の各面で活躍した。四九一年に皇帝となったアナスタシオス一世などは、有能な財務官僚から帝位に推戴された人物だった。その後も、しばしば皇帝になる者が輩出している。

また、コンスタンティノープルにあるハギア・ソフィア聖堂などの建築物は、アルメニア人技師たちによって設計され、建造された。先述のようにハギア・ソフィア聖堂は、ニカの乱（五三二年一月）後、直ちに着工され、わずか五年で再建された。聖堂が再建された六世紀は地震の多発時代で、ユスティニアヌス帝在位中も幾多の大地震に見舞われた。しかし、この大聖堂は、一部の損傷こそあったものの、躯体そのものは崩落することなく、その偉容を今日に伝えている。この聖堂は、数学者にして建築家であった二人のアルメニア人の手になるものだった。トラレスのアンテミオスとミレトスのイシドロス。アンテミオスは機械装置についての論文を残しており、イシドロスはアルキメデス研究の大家でもあった。

この建築家の伝統は、オスマン帝国期になっても続き、イスタンブルのスレイマニエ・モスク（一五五七年竣工）、旧都エディルネに建てられたセリミエ・モスク（一五七四年竣工）はミマール・スィナン（一四九〇頃—一五八八年）の傑作である。なお、イスタンブルにハギア・ソフィア聖堂と並んで建つスルタンアフメト・モスク（通称ブルーモスク、一六一六年竣工）はスィナンの弟子でアルバニア人だったセデフカル・メフメトの傑作である。中世ローマ帝国からオスマン帝国期は、このように出自にかかわらず才能ある者が各分野で活躍できる流動性に富んだ社会だった。

ローマ帝国の境遇

七—一一世紀のビザンツ帝国は、対アラブ、対ブルガリア勢力など、国境をめぐり度重なる攻防戦によって縁取られていた時代だった。特に、アラブ・イスラーム勢力との戦いは、戦線が東地中海からシチリア島まで広がり、長期化、常態化していた。

日常的に戦闘態勢にあった帝国の人びと、また宮廷の指導者たちにとって、厳格な文書行政よりも、いっそう機動的な指揮系統を執る必要があった。したがって、軍事書、軍事指南書などの事例は残るものの、一般的な行政文書はほとんど存在しないか、今日まで伝来していない。

一〇世紀からは、聖堂・修道院の設立文書（また施設の日常生活を律する規定書、そして多くはそこに含まれて伝来する帝権から発給された特権文書等）などが叢生する。これによって社会事情も部分的には明らかになるものの、それも九世紀末のものを嚆矢として、それ以前に作成されたものは存在しないか、ほとんど伝承されていない。

この時代が、日常的な対外戦争に特徴づけられていたことは、このように希薄な史料状況によって推定されるだけではない。後代、この時代に取材した英雄叙事詩が作られており、そこからも、七－一一世紀におけるビザンツ社会の様子をうかがい知ることができるのである。

文学作品が伝える諸民族との共存

この時代に取材して後代に書かれた英雄叙事詩的文学作品があった。中世ギリシア語の文学作品としても代表作として知られる一二世紀に作られた『ディゲニス・アクリタス』である。この作品からは、帝国の人びとが周辺諸民族とどのように交わり合っていたのかをかいま見ることができる。

「ディゲニス」とは「二つながらの生まれ」、「アクリタス」（複数形は「アクリタイ」）とは、ビザンツ帝国の国境警備に当たった軍人のことである。当時、帝国東方の境域（現在のトルコ東部からシリア、レバノンにかけての一帯）は、隣接するアラブ・イスラーム勢力としてのハムダーン朝があり、また両国から独立して動き回る集団があった。アクリタスらは、境域に生きる住民たちの生活防衛のため、駐在し、警護をし、戦闘が起これば外敵を退けていた。『ディゲニス・アクリタス』は、こういった当時の日常生活を背景としている。全体として二部構成になっているこの作品の内容をごくかいつまんで紹介すれば、以下の通りである。

物語には二人の主人公が登場する。それぞれのお話が各部を構成し、相互に関係している。第一の主人公は、アラブ人エミール(太守)である。彼はカッパドキアに進攻し、その地のビザンツ人(ギリシア人)将軍の娘を略奪し、これを妻とした。妻のためにキリスト教徒に改宗したエミールは、家族、一党とともにローマ人の土地(当時ロマニアと呼ばれた)に移住する。エミール夫妻から一人の息子が生まれ、これが第二部の主人公となる。

第二部は、若き主人公の活躍譚である。彼もまた、その父と同じようにビザンツ人将軍の娘を娶ったが、物語では、彼の勇猛さを示すエピソードなどが織り交ぜられ、強調されている。龍を退治したり、夜盗の一群を成敗し、たった一度の戦いで夜盗のリーダーを三人も打ち負かしたりしている。マキシムという武勇にぬきんでた美女が彼を誘惑し、姦通の罪を犯すものの、誰も彼を打ち負かすことはできない。こうしてディゲニスは、あらゆる敵を撃破した、というのである。最後には、ユーフラテス川沿いに豪奢な宮殿を建設し、余生を平和裡に暮らす、というお話である。物語の終盤で、武勇を聞いた皇帝(ビザンツ皇帝)バシリスがディゲニスのもとを訪れる、とされるが、これは、一〇世紀後半の皇帝バシレイオス二世をモデルにしていると考えられている。

境域に生きる

さて、八－一〇世紀当時のメソポタミアの国境地域には、ビザンツ帝国の行政管区として、テマ・メソポタミアが設定されていた。これは、小アジア地方の東部中ほどにあったが、その領域の大半は、ユーフラテス川上流およびその支流が曲がり出す湾曲部に位置していた。この地域はムラトMuratと呼ばれ、現在は大半がトルコ共和国のエラズー県に含まれている。ここは、現代の私たちが通常メソポタミアと呼ぶ地域の北西縁にあたる。また、ニケフォロス二世が実際に軍隊を展開させたアンティオキア地域の北になる。イギリスの歴史家アーノルド・トインビーによれば、この地域はハムダーン朝の領域との国境地帯であり、当時ビザンツ領に復して間もなかった。

さて、ハムダーン朝とは、ビザンツ帝国の行政管区としてのテマ・メソポタミアの東南に隣接したイスラーム国家であった。シリア北部地方からジャズィーラ地方(現在のイラク北部)を八九〇年から一〇〇四年にかけて支配した。アッバース朝に仕えながら、貢納と引き換えにカリフからジャズィーラ地方の支配権を承認されていた。バグダードから近いモスルを支配していたので、アッバース朝の政治のなかでは重要な存在だったようである。その後、後継者が途絶えたため、一〇〇四年にファーティマ朝に併合されている。

作品としての『ディゲニス・アクリタス』は、九－一〇世紀の帝国東方の境域を舞台とし、ビザンツ将軍と境域社会の関係を背景としていた。この作品で伝えられる「兄弟」民族との共生、またアラブ・イスラーム勢力との共存は、現実のものでもあったのだろう。

儀礼がつなぐ多民族の共生

アルメニア、グルジア(ジョージア)、アルバニア、ブルガリア、ロシア。帝国周辺の諸民族は、帝都コンスタンティノープルを中心に、帝国の統治機構、文化生活で大いに活躍した。多民族の共生こそが、キリスト教ローマ帝国の理想であり、また平時における現実の姿だった。

コンスタンティノス七世が思い描いたキリスト教皇帝による「世界」の統治。神の代理人たる皇帝が世界平和を構築するというこの帝国理念の実現のために、歴代の皇帝たちは、不断の努力を惜しまなかった。皇帝は「神の恩寵のもとにある戦士《エンポリオ》」であるとともに、「神の僕《しもべ》」として世界の安寧を委託されていたのである。

皇帝も自ら筆を執って編纂された『儀礼について』には、コンスタンティノープルの大宮殿周辺で行われた儀式の次第が記録されていた。そこには、厳粛にして華麗なセレモニーの模様が伝えられており、ページを繰ると、新緑煌めく帝都の情景が甦ってくるかのようである。

キリスト教ローマ帝国としてのビザンツは、一年を通じて多くの祝祭に彩られていた。多くの儀礼を行った帝国。一二世紀、マヌエル一世コムネノス(在位一一四三―八〇年)治世の記録では、一年のうち休日が六六日、半休日が二七日あった。日ごとに繰り返されたスペクタクルは、異邦の民を魅了するに十分だったにちがいない。例えば、早春最大の祝祭、復活祭の月曜日。『儀礼について』には次のような記事があった。

皇帝たちがテーブルにつくと、青組のオルガンが奏でられ、群衆が「神の恩寵を」と唱う。ついでオルガンが止み、歌い手たちが声高に唱う。「聖なる神よ、聖にして強き者よ、聖にして不死なる者よ、われらを憐れみ給え。あなたとともに皇帝に統治させ給え!」

ハギア・ソフィア聖堂での典礼に臨席した皇帝は、隣接する大宮殿に移動し、一連のレセプションを終えると、ブロンズ門(宮殿出入口)を通って再びハギア・ソフィア側の広場アウグステオンでの祝宴に向かうのが習わしだった。このとき、皇帝一行を「青」「緑」の市民団が左右に並んで祝福することになっていた。オルガニストらが、彼らの銀製オルガンを厳かな音色で奏でる。すると、馬車競技のチーム応援団を起源とする「青」「緑」と呼ばれる市民団が、これに合わせて交互に皇帝に歓呼を浴びせるのだった。「神の恩寵を《ハギアカス》！」。

豪華な皇帝の行列《プロエレウシス》は、帝国の光輝の象徴だったにちがいない。光彩陸離たる光景は、帝都に集う異邦の民には、まばゆく映ったことだろう。

帝都を訪れた外来者は、永遠を宿すハギア・ソフィア聖堂の丸屋根《クーポル》を見上げながら、その周囲で行われた儀式に強烈な印象を抱いたようである。一〇世紀の初頭、ハールーン・イブン・ヤヒュアというアラブ商人は、皇帝の壮麗な行列を目の当たりにして感動の筆を走らせた。

赤い錦の衣をまとい、肩まで髪をなびかせ、一万人の長老がまず歩む。そのあとには、白い錦の衣をまとった若者が一万人。続いて、緑の錦の衣をまとった小姓が一万人、淡い青の錦の衣をまとった従者が一万人、そして五千人の宦官《かんがん》、一万人のトルコ人とハザール人の小姓たち。……そのあとから、最後に、宝石を縫い込んだ高価な絹の衣をまとった皇帝が進み来る。

色彩豊かな行列を目の当たりにして、異邦からの旅行者が抱いた感慨は察するに余りある。

外来者に鮮烈なイメージを刻み込んだ儀礼。それは、映像化《エイコニゼイン》された「世界」の秩序を映し出そうとしていた。鳴り響くオルガンの音とともに、その心に刻まれた心象風景が、異邦の民に与えた影響は大きかった。

外交使節への接遇

のち(九六八年)にビザンツ宮廷人への悪罵を連ねたリウトプランドは、九四七年頃にコンスタンティノス七世のもとへの使節団の一員として、初めて帝都にやってきていた。その若かりし彼の目に、壮大な宮殿と大聖堂、またその周辺で繰り広げられた儀式の絢爛さは強い印象を残したようである。

彼の主著『報復の書』*Antapodosis* には、大宮殿内の一隅マグナウラ宮での皇帝コンスタンティノス七世との謁見の模様が描かれている。

コンスタンティノープルで滞在した館は宮殿と隣接していた。この宮殿は、たいそう壮大で美しく、ギリシア人はこれを五番目の場所にあったことに因んで「ディガンマのマグナウラ」と呼んでいた。マグナウラとは「偉大なる光輝」の意味である。そこでコンスタンティノス〔七世〕は、そのとき到着したばかりのヒスパニアからの使節と私、またリウテフレドゥスに対して、ここで待機するようにとだけ命じた。真鍮製だが金箔で覆われたある種の木が、皇帝の玉座の前に立っていた。その枝には、木と同様に、これまた種々の真鍮で作られ金箔で覆われたたくさんの鳥がすずなりにとまっていて、それらの鳥は、種類に応じてそれぞれちがった鳥の鳴き声を発していた。皇帝の玉座は、普段でもできるだけ崇高に見えるよう高い場所に緊密にしつらえてあった。それはまことに威厳に満ちたもので、黄金製か木製かは見分けがつかぬものの、黄金で覆われていることだけは確かなライオンが、さながら衛兵のように周囲を見張っていた。このライオンは、尾で地面を穿《うが》ち、遠慮のない表情で舌を動かし咆哮を発していた。私は、かくてこの場に、二人の宦官の肩に寄りかかりながら、皇帝の面前まで通された。ライオンが相対する私に咆哮を投げかけ、鳥たちが不安になって大きな音を出してはいたが、私は恐怖や驚きで動揺することはなかった。……さて、皇帝に敬意を表して、私は頭を三度下げた。すると、皇帝がまず地面からほどほどのところに上昇しているのを見た。さらに三度頭を下げた。すると、今度は、玉座がとても高い所に昇っていた。(『報復の書』第六巻第五章)

マグナウラ Magna aura とは、「偉大なる光輝」というほどの意である。大宮殿内の一隅にあったこのマグナウラ宮の玉座と、それを守るがごとく配置された一対の黄金の獅子、そしてこれまた黄金で鍍金《めっき》された木とそこで囀る小鳥たちが、機械仕掛けで動いていた、とこの記事はヴィヴィッドに伝えていた。この記述は、ヨーロッパ各国の詩人、文学者らの東方への関心をかきたてたことで知られている（例えばW・B・イェイツ「ビザンティウムへの船出」等）。

救済の摂理（オイコノミア）を実践するキリスト教皇帝

一〇世紀のキリスト教世界を見渡したとき、私たちがビザンツ帝国と通称する国家は、客観的にいえば「キリスト教ローマ帝国」にほかならなかった。その周辺に、ローマ皇帝を父とする「子供」「兄弟」「友人」としてのキリスト教を信奉する諸王国、諸君公国が広がり、周辺地域の諸王、諸君公も、コンスタンティノープルに座するキリスト教ローマ皇帝を、彼らが構成するキリスト教共同体の盟主として仰ぎ見ていた。それは、七世紀以降の地中海世界を取り巻くアラブ・イスラーム国家との対峙のなかで醸成された政治構造だったといってよい。

ビザンツ国家は、自らを一貫して「ローマ帝国」としか表現していない。ラテン語ではImperium Romanorum、ギリシア語では *ἡ ἀρχὴ ῥωμαίων*。いずれも「ローマ人の支配権／帝国」の意である。「帝国」を原理的に支えるこの政治理念は、独特なキリスト教的救済観念にもとづく世界観によって支えられていた。コンスタンティノス七世が編纂した『儀礼について』には、その一端が以下のようにうかがわれる。

万物を創りその主となり給うた御方は、天上の世界をわれわれ地上の人類で満たさんものと、われわれのためにおのれを空しくし、神でありながら人間の姿になられた。おお、皇帝たちよ！　どうか生命を与えるこの御方が、あまねく全世界で、あなた方の角《つの》をあげ給わんことを。どうかこの御方がすべての夷狄《エトネー》の民を平らげ給わんことを。かつて〔東方の〕博士たちがなしたごとく、これら夷狄の民があなた方の帝国に供物をもって参上するようにし給わんことを。（キリスト降誕祭のための歓呼）

ああ！　皇帝たちよ！　平和が、神御自身のものであるこの帝国《ポリテイア》に舞いもどった。この帝国は神の御許で、信仰において、慈悲あふるるものにまで高められた。神の御使いの天なる軍団よ！　よろこべ！　ローマ人の軍団よ！　よろこべ！　すべてのキリスト教徒たちよ！　よろこべ！　そして主を祝いまつれ！（復活祭月曜日のための歓呼）

ああ！　何たる不思議さよ！　あたかも羊の毛に降る雨のごとき父の御言葉。今や見よ！　肉化した御方が天に入り給うのを。この御方が、父の思し召し通り、異邦の民をすべてお集めになったからである。それゆえにこそ、この御方は、われわれのために救済の摂理《オイコノミア》を成就し給うた今、主の御力の右にお座りになったのである。おお！　善行者皇帝たちよ！　この御方が御自らあなた方を、ローマ人の幸いのために護り給うであろう。（昇天祭のために）

昇天祭（復活祭から数えて六回目の日曜日後の木曜日に行われる）で唱われたという章句には、異邦の民に開かれた帝国、また、その統括者としての「主」の姿が描かれていた。そして、「世界」を救済する主の恩寵のもとに立つ皇帝像が示されている。

〈夷狄《エトネー》の民〉にも開かれた世界。神の恩寵のもとにある皇帝。その構図は、ギリシア古代都市の民主政治というよりは（それは閉鎖的で、家父長による合議にもとづく共同体だった）、パウロ的な「キリストの身体」としての開放性を思わせる。

ローマ帝国の開放性

独特な政治身体としての帝国を象徴したコンスタンティノープルは、青雲の志を抱く諸族の若者たちをも魅了してやまなかった。若き日のユスティニアヌスもその一人にほかならない。叔父を頼って十代で上京した若者は、神に愛でられ、皇帝になった。ダルダニア（マケドニアの一地方）の農村出身だった彼は、生涯ラテン語で思考しながらギリシア語でこの「世界帝国」を統治した。そして、コンスタンティノス七世の祖父バシレイオス一世もまた同様だったわけである。

コンスタンティノス七世によれば、救済の摂理《オイコノミア》は、主(救世主)が行う御業《みわざ》だった。しかし、予定調和的に実現するはずの「世界」の救済は、いわば理想世界にほかならない。大宮殿と聖ソフィア聖堂の周囲で繰り広げられた儀礼は、そのような世界理念を、見る者に教え込む効果をもったのだろう。だからこそ壮麗なスペクタクルは、年間を通じて繰り返され、異邦の民びとに讃嘆の念をもって受け取られたのだった。

善行者皇帝であることを求められた「キリスト教皇帝」には、そこで役割分担が与えられている。皇帝は、キリスト教徒の平和と安寧を保障すべく努力せねばならない。和平を追求する一方で、常に戦う武人としての皇帝像が、繰り返し制作されることにもなったのだった。戦士《エンポリオ》としての皇帝(図8、図9参照)。不断に遂行される世界平和の実現が、「キリスト教ローマ皇帝」にとっての当為となった。

†神なるキリストに忠実にして、緋室生まれのローマ人の皇帝

皇帝が、皇帝文書において自称する表現は、一〇世紀になってこう定型化していた。神の恩

寵のもと世界《オイクメネー》に君臨したキリスト教徒の皇帝は、公文書に自らの手でこのように自署した。この定型句に込められた帝国の威儀は、中世のキリスト教世界においてきわめて重かったにちがいない。だからこそ、九世紀以来、皇帝不在だった西方のヨーロッパ世界において、九六二年二月にローマ皇帝となったオットー一世もまた、イタリア半島の平和、またイベリア半島下のキリスト教徒コミュニティの安寧に向けて活発な活動を展開したのである。

世界《オイクメネー》の平和と安寧を成就する皇帝は、帝国の臣民、また異邦の民びとから称賛された、というわけである。

第4章

近代的思考の誕生

―― 視　座 ――

ホッブズ『リヴァイアサン』

一　レコンキスタと世界暦

歴史上の重要な出来事とは

ヨーロッパ史の「重要な出来事」とは何か。ローマ帝国の崩壊(四七六年)、カール大帝の戴冠(八〇〇年)、オットー一世の戴冠と神聖ローマ帝国の誕生(九六二年)、イタリア・ルネサンスの文化活動(一五－一六世紀)、レコンキスタの完成(一四九二年)、新大陸の発見(一四九二年)、フランス革命(一七八九年)など。それらは、世界史を学ぶ人であれば誰もが知っている出来事ではないだろうか。

これらの出来事は、それぞれに歴史を画する重大事項とされ、比較的詳細なレベルまで情報提供がなされている。しかし、いったいそれらはなぜ重要なのだろうか、という点になると、教科書に十分な解答が書かれていることはあまりない。

ヨーロッパ史にかぎらず、およそ歴史を学ぶ意義は、出来事の重要性の意味連関を理解することにある。また、その出来事の発生した背後にある因果連関を解明することにある。しかし、教科書が語る「事実」をめぐる因果関係の理解には、認識主体の主観的バイアスがかかっている可能性を疑うこともまた必要である。例えば、「ローマ帝国の崩壊」という事件には、前述のように「古代の没落」論が潜んでいた。ところが、当時の人びとのなかに「古代ローマ」が崩壊した、あるいは消滅した、という意識はなかった。そもそも「古代人」と私たちが呼ぶ人びとが、自らを古代人と称した事例は、当然ながら、ない。つまり「古代の没落」という歴史事実は、当事者の意識とは別のところで、他者による外部からの視線で語られている可能性に思いを致さなければならない。

この「古代／ローマ」問題で再言しておけば、ここまで見てきたように、現在、東ローマ帝国ともビザンツ帝国とも呼ばれる社会の人びとは、自らの国家を「ローマ帝国」と名乗り、自分たちを「ローマ人」としか称さなかった。終わらない古代、あるいは終わらないローマ。この問題を解く作業は、これまで私たちの教科書では避けられ、四七六年にローマ帝国は滅ばなければならないのであった。

古層のヨーロッパ世界にあっては、世界暦というカレンダーを軸に地中海＝ヨーロッパ世界が律動していた。ユスティニアヌスは、世界暦六〇〇〇年の時機にあって相次ぐ自然災害、またササン朝ペルシアとの境域争いに「終末」の予兆を感じていた。そして、その後の大帝たちや、一五世紀に属する諸事象もまた、実のところこの時間意識とつながっていた。

イベリア半島のレコンキスタ

レコンキスタとは、よく知られるように、七一一年から一四九二年までの七八〇年間にわたるキリスト教国家によるイスラーム勢力駆逐の活動であった。イベリア半島は、七一一年に西ゴート王国が後ウマイヤ朝に征服されて、アラブ・イスラーム世界となっていたが、残存するキリスト教社会は、イスラーム権力のもとで命脈を保っていた。七一一年当初よりイスラーム勢力から失地を回復する活動が、東地中海地域ばかりでなくこの西方地域でも展開していた。やがてそれは、ヨーロッパのこの西端の地でもキリスト教徒にとってのひとつの当為となる。

すでに八世紀末に、フランク王カールがイベリア半島への遠征を行い、同地のイスラーム勢力と戦っていた。このロンスヴォーの戦い(七七八年)は、カールの輝かしい軍績のなかでは珍しく大敗戦で終わった戦いだった。玉砕した甥のローランをはじめ多くの将兵を失った悲劇は、一一世紀に叙事詩『ローランの歌』に編まれて後代に伝えられることとなる。

その後もピレネー山脈の南西部にはキリスト教徒の共同体が残っていた。彼らを保護するという使命感は、西ヨーロッパ世界の為政者に共有されている。一〇世紀になるとイベリア半島でのレコンキスタ運動は活発になった(これも世界暦六五〇〇年を迎える時期での出来事だった可能性を考える必要がある)。コルドバのカリフ、アブド・アッラフマーン三世は、九二九年にカリフとして即位することでイスラーム世界での地位を高めるとともに、自らを鼓舞して、活発化していたレコンキスタ運動を徹底して抑え込んだ。そうして九五九年にはイベリア半島の支配をほぼ完成させた。オットー一世は、このアブド・アッラフマーン三世としばしば使節を交換している。イベリア半島のキリスト教共同体の安寧のために交渉したのである。

本書にたびたび登場するリウトプランドは、オットーの北イタリアにおける官房を務めた人物であるが、その主著『報復の書』は九五八年にフランクフルトで書きはじめられた作品であった。彼は、この著述を始めた動機を、エルヴィラ司教レケムンドの慫慂《しょうよう》による、と記している。

レケムンドは、グラナダ近傍の都市エルヴィラの司教だった。この著述の第一巻第一章は興味深い書き出しであるので、以下に引用しておこう。

いと高貴なる神父〔レケムンド〕よ、全ヨーロッパの諸帝および諸王の事績を、疑わしい伝聞によってではなく、目撃によって知っているものとして私が記述するようにあなたから求められたその懇請に、私はこの二年間というもの自分の才能の乏しさのために従うことができなかった。

こう記すリウトプランドは、一〇世紀前半における「世界情勢」を縷々《るる》記した。ビザンツのレオン(六世)、ブルガリアの支配者シメオン、ウンガリア族事情、バヴァリア族、シュヴァーベン族、テウトニクスのフランク族、ロタリンギア族、サクソン族の王アルヌルフ、マラヴァニ(メーレン)の公ケンテバルドゥス、「イタリアの支配権をめぐって争う」ベレンガリウスとグイードの両皇帝、教皇フォルモススの名を列挙し、「これらの帝王の各々の治世下で何が生じたかを簡潔に記そうとするものである」と、執筆意図を明記していた。

ベレンガリウス(一世)とは、イタリア北西部フリウリ地方の辺境伯で、フランク系のスポレート公グイードとイタリア王位、またローマ皇帝の称号をめぐって争っていた人物であり、イタリア王(在位八八八―九二四年)として、また皇帝(在位九一五―九二四年)として在位した。彼は、カール大帝から連続した西方における最後の皇帝だった。

他方、スポレート公のグイードは、フランク系の出自で、祖母がカール大帝の息子イタリア王ピピンの娘であったことから、ベレンガリウスと争いイタリア王(在位八八九―八九四年)となり、また皇帝(在位八九一―八九四年)ともなった。

なお、このレケムンドとリウトプランドは、九六五年二月にオットー主宰のフランクフルトでの集会で出会っていることが知られている。コルドバのイスラーム勢力支配下でのキリスト教共同体の指導者がアルプスの北で開かれた集会に出席していること自体、注目される出来事といわなければならない。キリスト教世界とイスラーム支配地域間の交流も途絶してはいなかったということである。

一三九一年の反ユダヤ暴動

当時広く共有されていた世界暦によれば、その七〇〇〇年は、西暦一四九一／二年に当たっていた。一四九二年といえば、イベリア半島でのキリスト教両王国(カスティーリャ王国、アラゴン王国)がグラナダ周辺に残っていたイスラーム勢力(ナスル朝)を駆逐してレコンキスタを完成した年として知られる。

イベリア半島の動静は、それより一〇〇年前にもひとつの大きな動きを見せていた。

キリスト教社会では、アンチキリストが出現し最後の聖戦が行われたのち、最後の審判の日を迎える、と観念されていた。アンチキリストという寓意の受けとめは多様だった。それは、天候不順や飢饉、イナゴの大群、異教徒などと認識されており、異教徒とはアラブ・イスラーム勢力ばかりではなかった。

イベリア半島でも、ユダヤ人が一大社会勢力となると、それに対する反発も強くなっていった。そのような機運のなか、一三九一年にスペイン全土で大規模な反ユダヤ暴動が起こった。同年六月九日、セビリャで始まった暴動は、コルドバからカスティーリャ、アラゴンにまで広がり、集団ヒステリーのような暴動がバレアレス諸島にまで達した。各地でユダヤ人に対して略奪、虐殺がなされ、約四千人が殺されたといわれる。

この暴動の結果、多くのユダヤ人が国外に逃亡し、あるいは多くの者がキリスト教に改宗した。改宗者は、一〇万人から一五万人にのぼったと推定されている。以後、キリスト教社会は改宗ユダヤ人（コンベルソ）集団を抱えることとなった。彼らは、新キリスト教徒とも呼ばれ、以前からのキリスト教徒と区別された（増田義郎『コロンブス』）。

この暴動が起こった一三九一年は、世界暦六九〇〇年に当たっていた。この年に反ユダヤ暴動が起こったことは、あまり明示的に指摘されないが、注目する必要がある。ユダヤの人びとをアンチキリストに擬えることは、キリスト教世界で古来行われていたからである。

一四九二年のユダヤ教徒追放令

イベリア半島では、キリスト教勢力が一五世紀を通じてもレコンキスタを進めていた。キリスト教徒の王が支配する領域が拡大するなかで、イスラーム教徒に対する共通の敵愾心から、強固なカトリック信仰がかたち作られていった。カスティーリャとアラゴンのカトリック両王は、熱心にローマ・カトリック教会の保護を行ってもいる。

一四九二年、カトリック両王国におけるすべてのユダヤ人は、キリスト教に改宗して洗礼を受けるか、四カ月以内に(七月三一日までに)国外退去しなければならない、とされた。その結果、一五万ないし二〇万のユダヤ人がイベリア半島を去ったといわれている。

ただしその評価については、最近では「ユダヤ人追放令」ではなく「ユダヤ教徒追放令」とし、追放されたユダヤ人の数も一〇万未満で経済に大きな影響を与えたものではない、という見解が示されている。その場合でも、この追放令で、スペインがカトリック宗教国家という性格を確定したとする見方は動いていない(立石博高編『スペイン・ポルトガル史』上)。

このユダヤ教徒追放令によって、スペインのユダヤ人は隣国ポルトガルか、多くは遠くオスマン帝国のイスタンブルなどに移住した。スペインから離れたユダヤ人は「セファルディ」(ヘブライ語でスペイン人を意味した)と呼ばれた。彼らはイスタンブル以外にもオスマン帝国支配下の中東に広がっていった。同じユダヤ人の離散民でもドイツに移住し、そこから東欧に広がった人びとを「アシュケナージ」というが、この二つの系統はユダヤ人社会を二分する勢力として、その後ちがった道を歩むこととなる。

スペイン国内に残り、キリスト教に改宗したユダヤ人は前述のようにコンベルソと呼ばれ、厳しい監視の目が注がれた。また蔑称としてマラーノ(豚)といわれるようにもなった。なお、ユダヤ教徒追放令は、一五八〇年にポルトガルがスペインに併合されたため、ポルトガルでも適用されることになった。そのため、ポルトガルのユダヤ人は、当時スペインからの独立運動を展開していたプロテスタントのネーデルラント、アムステルダムに逃れている。

二　コンスタンティノープル陥落

ローマ皇帝権への挑戦

前章で言及したように、キリスト教ローマ帝国の世界観は周辺の諸民族にも共有されていた。「世界の終わり」を食い止めるべく立ち上がるローマ皇帝という存在は、史料上「帝権」Imperium Romanum の担い手として立ち現れ、原理上世襲のものでもなかった。ビザンツ帝国と呼んでいる国家・社会の担い手は、現代的感覚でいえばギリシア人である。しかし、四世紀から五世紀の当初より周辺諸民族が混淆して活躍する社会であったので、それはギリシア語でコミュニケートしている人びとといった意味での「ギリシア人」であった。

つまり、「世界」に責任を負う存在としてのローマ皇帝は、誰かが担わなければならない存在であるだけで、必ずしも「ローマ人」(ラテン語話者)や「ギリシア人」(ギリシア語話者)である必要もなかったのである。

西ヨーロッパ世界からローマ皇帝の当為を引き受ける者が出現したのは、そのことを示している。そして、同様の出来事は、西ヨーロッパ以外の地域においても看取することができるのである。

例えば、一四世紀にセルビア王となったステファン・ウロシュ四世ドゥシャン（セルビア王在位一三三一－四六年。図13）は、一三四五年にセルビア主教座を総主教座に格上げし、翌年「セルビア人とローマ人の皇帝」と称し即位した（在位一三四六－五五年）。コンスタンティノープルにいた皇帝ヨハネス五世パレオロゴス（在位一三四一－九一年）の治世は、半世紀にもわたるものだったが、その初期は内政が乱れて帝国が弱体化した時期であり、機を捉えての行動であった。ドゥシャンは、一三四九年には『ドゥシャン法典』を発布し、彼の帝国の全盛期を築き上げる。セルビア人の支配領域はこの時期ペロポネソス地方にまで及んでいた。

図13　ステファン・ウロシュ4世ドゥシャン（レスノヴォ修道院，北マケドニア）

このセルビア人の勢力拡大を嫌ったビザンツの皇帝は、ブルサに都を置いていたオスマン族に援軍を要請する。依頼を受けてオスマン軍は、アジア側つまりバルカン半島に初めて進軍した。彼らは、首都をアドリアノープルに移してエディルネと改称（一三六六年）し、ブルガリアを勢力下に置きつつ、セルビア人らと対峙した。そして、一三八九年にコソヴォの戦いが行われる

図14　ファーティフ・モスク(イスタンブル)

こととなった。この決戦で主だったセルビア貴族は敗死し、彼らは故地のコソヴォを捨てて現在のベオグラードに撤退する。他方、セルビア人に付き従っていたアルバニア人はオスマン勢力に帰順、イスラームに改宗した。セルビア人の故地コソヴォをめぐる現代に至る難しい状況は、このときつくられたのであった。

なお、トラキア地方の町エディルネは、コンスタンティノープルから三〇〇キロメートルほど西方に位置しており、帝都とは指呼の間にあった。これ以後、オスマン勢力はコンスタンティノープルに攻勢をかけていくことになる。

周辺の諸民族が「ローマ皇帝」の地位をめざしていたことは、オスマン族についてもいいうる。一五世紀にコンスタンティノープルがオスマン帝国によって陥落したことは、ヨーロッパの人びとにとっては一大事件だったにちがいない。しかし、メフメト二世は帝都入城後「ルーム・カエサル」Qayser-i Rûm と称した。これは、三三〇年以来「帝国」の首都であり「帝権」の座所であったコンスタンティノープルの、正式な継承者であることを彼なりに内外に示すためであった。また、かつてコンスタンティヌス一世から一一世紀初頭に没したコンスタンティノス八世までが埋葬されていた聖使徒教会が存在していた場所に、独自のファーティフ・モスク(「征服者モスク」の意。図14)を建立した。今日でも、彼は妻のギュルバハル・ハトゥンとともにそこに埋葬されている。

帝都の攻囲とキリスト教諸国連合

コンスタンティノープル陥落。一四五三年五月二九日に起こったその事件は、一四世紀末以来何度か行われていたオスマン朝による帝都攻囲の帰結だった。ここで、一五世紀事情を理解するためにもその様子を一瞥しておきたい。

半世紀にわたる皇帝ヨハネス五世の治世は、内政が乱れて帝国が弱体化した時期だった。このヨハネスが崩御したとき、息子の一人マヌエルはオスマン朝のブルサの宮廷で捕虜となっていた。父帝の訃報を知り同地から脱出することに成功したマヌエルは、帝都に戻りマヌエル二世パレオロゴス(在位一三九一―一四二五年)として帝位に就いた。

オスマン朝のバヤズィト一世(在位一三八九―一四〇二年)は、マヌエルの脱出直後に進軍を始め、やがてコンスタンティノープルを包囲する。このとき西欧からキリスト教諸国連合軍が到着し、ドナウ河畔のニコポリスで会戦が行われた(一三九六年九月二五日)。これは、西欧からの最後となる大規模な十字軍であったが、このキリスト教諸国連合軍は敗れてしまう。バヤズィト一世は、この大勝利によってエジプトのカリフからスルタンの称号を与えられる一方、コンスタンティノープルの陥落はもはや避けられないかのような状態になった。

この状況下の一三九九年、マヌエル二世は西欧から支援を取り付けようと、イタリアの都市国家歴訪の旅に出る。マヌエルは、フランス王国、神聖ローマ帝国、イングランド王国まで訪問した。マヌエルは各地で歓迎を受けた。しかし、具体的な援助を得るまでには至らず、訪問の目的は果たされずに終わってしまった。その間にオスマン軍の圧迫は強まるばかりで、一四〇二年になると皇帝不在の帝都では、オスマン軍に街を明け渡そうかという議論まで行われていた。

ところがこのとき、思わぬ出来事があった。中央アジアから西アジアにかけて一大帝国を建設したティムールが東方から小アジアへ侵攻し、迎え撃ったバヤズィトが一四〇二年七月にアンカラの戦いで敗れて、捕虜になってしまった。滞在先のパリで知らせを受けたマヌエルは急いで帝都に戻ると、オスマン帝国のスルタン位争奪戦に介入し、自らが推したメフメト一世をスルタンにすることに成功した。このためメフメト一世とのあいだには友好関係が保たれることとなり、オスマン帝国からの圧迫に小休止がもたらされた。

しかし、やがてまた事態は悪化する。オスマン朝のスルタンがムラト二世(在位一四二一―四四、一四四六―五一年)になると、兄ムスタファを対立スルタンとして擁立したビザンツ皇帝ヨハネス八世(在位一四二五―四八年)の不実に対し、ムラト二世は一四二二年七月に大軍を擁してコンスタンティノープルを包囲したのだった。このときもまた、帝都は城壁に守られて持ちこたえ、その間に復帰したマヌエル二世が巧みな外交政策で小アジアの反乱を誘発して、ムラトに兵を退かせることに成功している。もっとも、その後ビザンツ領は次々に占領されていき、マヌエル二世はムラト二世との休戦・和平交渉に奔走せざるをえなくなる。ようやく一四二四年に和平が成立したものの、それはスルタンへの臣従と多額の貢納金支払いを伴うものだった。

教会合同派の模索

マヌエル二世は、息子ヨハネス八世を共同皇帝としていた。ヨハネスは、ニコポリスの会戦での大敗北の後も、決して十字軍結成の構想を捨ててはいなかった。バーゼル公会議(一四三一年)に使節を派遣し、下交渉を続けており、次のフェラーラ＝フィレンツェ公会議(一四三八―三九年)には、自ら代表団を結成・引率して乗り込んだ。

この使節団には、のちにカトリック枢機卿となるヨハネス・ベッサリオン(一四〇三―一四七二年)が加わっていた。会議では教義上、儀礼および教会慣行上の諸問題が長々と論じられた後、曖昧な十字軍の約束を取り付けて、ここにようやく東西教会の合同が成立した。ところが、この会議での教会合同提案は、帰国後にビザンツ国内で湧き上がった反対意見によって成立しない。その結果、ベッサリオンはイタリアに亡命している。

ヨハネス・ベッサリオン

黒海沿岸のトレビゾンドに生まれたベッサリオンは、コンスタンティノープルで新プラトン主義哲学者のプレトンに師事した修道士だった。のちにプレトンに付き従ってミストラで研学に励み、一四三七年にニカイア府主教に任じられると、翌三八年に皇帝ヨハネス八世に随行してフェラーラ＝フィレンツェ公会議に正教会・カトリック教会の合同賛成派の一員として参加したのだった。

前述の通り、この教会合同提案は、ビザンツ内の反対意見によって成立しなかったが、彼が公会議で示した東西融和の活動と学識はローマ教会から高く評価され、一四三九年にローマ教皇庁の枢機卿に任じられた。そして名目上ではあるが、カトリック教会のコンスタンティノープル総大司教に任じられる（名義のみで実際の駐在はしない）。このことから彼は、一四四〇年にイタリアに移住し、カトリックに改宗している。

イタリアでのベッサリオンは、枢機卿であり続けたばかりか三度にわたり教皇（ローマ司教）候補にもなった。対トルコ十字軍の提議を行うかたわら、亡命ギリシア人援助を熱心に行っており、自宅に集うイタリア人と亡命ギリシア知識人たちをとりもって、アカデミーを形成した。

このことは、イタリア・ルネサンスの活動を促進することとなる。コンスタンティノープル陥落後は、散逸しつつあったギリシア語写本を組織的に収集した。そのコレクションは、一四六八年にヴェネツィア共和国のサン・マルコ聖堂に寄贈され、今日、世界最大のギリシア語写本コレクションのひとつとなっている。

ゲミストス・プレトン

教会合同について協議するためにベッサリオンとともにフェラーラ＝フィレンツェ公会議に参加した一行のなかに、哲学者ゲオルギオス・ゲミストス・プレトン（一三六〇頃―一四五二年）もいた。

プレトンは、ベッサリオンより一世代年長で、その師だった。コンスタンティノープルにいたときにベッサリオンを教え、ペロポネソス地方のミストラに移り、哲学、天文学、歴史、地理を教えながら、多くの古典作家の要約を編集していた。

彼は「ギリシア人（ヘレネス）」を自称し、古代ギリシアの神々を論じつつ、プラトンの『国家』に範を採った政治を主張するなどしていた。自らを「ローマ人」としか表現しなかったビザンツ人のなかにあって、古代ギリシア文明の復興を唱えたため、キリスト教会（正教会）と対立することとなった。キリスト教以前的な世界観を論じることは、当時「異端」扱いされたのである。死後、彼の著作は焚書処分を受けている。

プレトンの名は、プラトンをもじったものであった。つまり彼はプラトン哲学に通じ、その復活をめざしていた。フェラーラ＝フィレンツェ公会議でのプラトンについての講義(一四三九年)は、イタリアの地で新プラトン主義が隆盛する一因になる。コジモ・デ・メディチの依頼で公会議後もしばらくフィレンツェに滞在する。プレトンは、フィレンツェ人が彼の所説を理解したことに感心し、コジモに提案してこの地にプラトン学院が設立されることとなった。その後ミストラに戻り、コンスタンティノープルが陥落する前年の一四五二年に同地で没した。

イタリアにプラトン哲学を伝えたのは、プレトンであった。西ヨーロッパの知識人は、ローマ・カトリック教会とイスラーム世界を通してある程度は古代ギリシア哲学について知っていた。しかし、ビザンツ帝国には西ヨーロッパの人びとがこれまで見たことのなかった多くの文献と解釈が存在していた。これらの学問は、ヨハネス八世やプレトンがフェラーラ＝フィレンツェ公会議にやってきた一四三八年以降、大きな影響を与え、まさにイタリア・ルネサンスの基礎を創ったのである。

イタリア・ルネサンス

イタリア・ルネサンスと呼ばれる文化現象がある。地中海交易で栄えた海洋都市、特にフィレンツェを中心に、ギリシア語、ラテン語で書かれた古典作品への関心が昂まり、あらゆる事象に対する好奇心が生まれ、万物をめぐる知を探求する姿勢が深まった時代だった。あらゆる事象への探求心、あらゆる事柄について原因と結果の因果関係を思考する態度など、新しいタイプの知識人たちを生んだ。

ラテン語で scio「私は知る」ということば（動詞）がある。原形は scire であり、現在分詞形 sciens は「知る人」という意味にもなる。名詞としては scientia がある。現代西洋語に見られるサイエンス science の原形といってよい。イタリア都市の学者たちは、あらゆる事象、あらゆるモノ、万巻の書物への探求を推し進めた。

その結果として集積された知の総体、また知的探求の方法態度が、その後のヨーロッパ文化の基礎となっていく。人間の身体に関する知識から、天空（宇宙）に関する情報まで。食材となる植物から農事まで。魔術から機械まで。観察や実験から得られる知見から推論される合理的ともいえる認識まで。天変地異や自然現象から地理情報まで。そして、彼らの今が世界の歴史のどこに位置づけられるのかを見定めようと計算する人 computor が、ギリシア・ラテンの古典を総ざらいした。「科学的人文主義」といわれる時代が一五世紀に幕を開けたのだった。

この文化活動は、東地中海地域との交流・交易を通じてもたらされるギリシア語文献へのアクセスが容易であった環境が育んだ現象といってよい。一五世紀以降、ほとんど唯一の古典ギリシア語文献の保存場所となっていたコンスタンティノープル。ベッサリオンのように、一五世紀前半より東方からイタリアに亡命するギリシア人も少なくなかったのである。

この経済的・文化的交流によって、イタリアの海洋都市にはキリスト教以前の時代に書かれたギリシア語、ラテン語での古典作品がもたらされていた。加えて、一四五三年にコンスタンティノープルが陥落すると、亡命ギリシア人のなかにはギリシア古典の読解を手ほどきする教師となる者、あるいは持ち込んだ古典作品を印刷して頒布する者もいた。ギリシア語写本を持ち込み、印刷・出版する業者となったギリシア人は、ヴェネツィアに多く出現し、初期活版印刷本(インキュナブラ)の多くは同地で製作されている。

コペルニクスの転回

ポーランド中北部の町トルンに生まれたニコラウス・コペルニクス(一四七三―一五四三年)は、一四九一年、クラクフ大学でアルベルト・ブルゼフスキ(一四五五頃―一四九七年)のもと天文学に触れ、一五三五年頃までに「天球の回転」revolutio orbium coelestium に関する独自の確信に至ったという。よく知られるように、彼が説いた地動説は天文学史上の大転換をもたらし、そのことによって、コペルニクスはまさに科学史上の巨人となった。

学問遍歴の後に彼がたどり着いた地平は、単に世界認識を根底から覆しただけではない。およそ「通念」を論理的、実験的に検証することで、事実認識の背後にある真理へと至る、いわば科学的方法への扉を開いたのだった。

彼が、ボローニャ大学で法律(ローマ法)を修めたことは、よく知られている。当時、多くの学生がイタリアの地で、種々の古典 antiquitates に触れながら自身の学修を深めていった。イタリア・ルネサンスの文化活動の昂まりは、ヨーロッパ各地から有為な若者を惹き寄せていたのであり、コペルニクスもまたその埒外にはなかったのである。

さて、コペルニクスが学問研究の成果として初めて世に問うた書物は、実は天文学に関するものではない。それは、テオフュラクトス・シモカテス Theophylaktos Simokattes の詩編集のラテン語訳で、一五〇九年、彼が三六歳のときに出版したものだった。

シモカテスとは、エジプトで生まれてコンスタンティノープルで活躍した、七世紀のビザンツ文人だった。『倫理書簡集』*Ἐπιστολαὶ ἠθικαί, ἀγροικικαί, ἑταιρικαὶ* とでも訳すべきこの詩形式の中世ギリシア語による文学作品を、コペルニクスは、几帳面に、丹念に訳出して出版したのだった(ラテン語訳は『道徳風、田舎風、恋愛風書簡集』*Epistolae morales, rurales et amatoriae* としてクラクフで印刷され、ワーミヤ司教で伯父のルカス・ワッツルローデに捧げられた)。

この書物とコペルニクスとの出会いを語る記述は見当たらない。あるいは、ギリシア語学習の途上で出会ったのだろうか、との推測も成り立つ。なぜなら、前述のように一四世紀よりギリシア語で書かれた書物が東方から流入し、そこには太陽や月、星辰の運行に関する当時最先端の観察手法を論じる天文学に関する書物も含まれていて、コペルニクスはイタリアの地で「暦」の研究に入っていたからだ。

コペルニクスとビザンツ天文学を結びつける確証も、残念ながら見いだせない。確実にいえることは、コペルニクスがギリシア語を教え、自身のいくつもの論文に、好んでギリシア語で署名していることだけである。

一六世紀初頭のヨーロッパで、東方からの知的影響は各方面で表れていた。コペルニクスは、天文学の分野でおそらくそれを代表している。イタリア・ルネサンスが生んだ一人の俊才として、当時の事情を伝える好例といってよい。

三　終わらないヨーロッパ

伏流水の噴出

私たちは、第1章と第2章で、ヨーロッパ世界に伏流し、現実の歴史をも衝き動かす動因となった思想の一端について考察した。「中世」といわれた時代、世界暦にもとづく「終末意識」は、長らく人びとの思考を捉えていたようである。

一五世紀半ば以降に進展した大航海時代と呼ばれる事象もまた、この終末意識との関連なしには十分な理解を得ることはできない。通常、オスマン朝の伸張によりヨーロッパ人の東方交易、特に香辛料の輸入が困難になったことで、直接アジアに向かうルートを開拓するために冒険的な航海に出る者が出現した、と説かれるものである。しかし、そこにはキリスト教的動機も見られたのであって、東方にいるという伝説上の優れたキリスト教徒の王（プレスター・ジョン）との連携も大きな目的となっていた。

このように終末思想がヨーロッパ史を駆動していたとすれば、そこからまた興味深い諸問題も提起されることになるだろうが、その解明は今後の新しい研究に期待するとして、ここではひとつの視座を読者とともに共有しておきたい。

それはつまり、人びとが待望もしていた世界暦七〇〇〇年が過ぎても、「世界」が消滅することはなかった、ということである。一五世紀末のヨーロッパの人びとはやがて、自らが依拠してきた暦年が不正確なのでは、との疑念をもつようにもなった。折しもイタリアには古典ギリシアの諸文献が流入し、ベッサリオンたち亡命ギリシア人が持ち込んだビザンツ世界（中世ギリシア）の古文書が集積されていた。それらを学び、古典と古文書を探索する一群の人たちが学術活動を展開していく。そのなかには、自らの立ち位置を世界創造の暦のなかに再定義する試みも含まれていたし、新しい知識の体系に触れて、学術研究を深めていく者も少なからず出現したのだった。その総体が「ルネサンス」の文化活動にほかならない。

他方、コンスタンティノープルが陥落したとき（一四五三年五月二九日）、ヨーロッパの人びとがその出来事に「世界の終末」の予兆を感じたとしても不思議ではない。その時が来ても続く「世界」に生きるなかで、まさに「世界」についての探究は加速されていった。

「世界」の発見——大航海時代の副産物

一五世紀から一八世紀にかけてヨーロッパの人びとは「世界」を知った。人びとは、ヨーロッパ以外の世界を、現地から持ち帰られた具体的なモノ、また異なる生活様式・文化に関する情報（レポート）から知ることとなった。世界認識は、そのような具体的な情報の蓄積、整理、分析を通じてかたち作られていった。

植物園は、当初イタリアで営まれたときには薬草園だった。それはキリスト教以前の時代にアレクサンドリア図書館に隣接してあったという植物園と同じであった。ピサの植物園（一五四四年）、パドヴァの植物園（一五四五年）、フィレンツェのセンプリチ庭園（一五四五年）など、いずれも薬草栽培のために開設されたもので、大学医学部と結びついていた。

やがてヨーロッパとは気候帯の異なる「新世界」からもたらされた珍しい植物への関心が喚起されていったことで、植物園は学術的な空間となっていく。植物の整理・分類から、系譜への考察までが行われる場となっていった。それは博物館でも同様で、万物の情報整理、各種の系譜学が営まれることになった。

さらに、一六世紀のルネサンス活動を推進した者たちは、これから出発すべき彼らの新しい時代を「現代」modern/modernus（「まさに今（ある）」という意味の modo の派生語）と呼んだ。そして、それに改新の手段を与える模範としてのキリスト教以前的なギリシア・ローマ文明を「古典古代」antiquity/antiquitatem とし、その中間にあるキリスト教中心の時代を「中世」medieval/medium aevum とした。

その後、産業革命を経た一九世紀以降に、それまでの時代を「近代」として、「現代」を今日的な意味で用いるようになるが、一連の用語は、いずれも一五〇〇年頃より文書に現れはじめたものだった。時代認識に関わるこれらの用語法は、活発化したルネサンス活動のひとつの産物であり、今日に至る時代区分の基礎となった。

近代的思考とは

近代的思考というべきものはヨーロッパで誕生し、それは一七世紀のことだったと、かつて私が手にした教科書は伝えていた。デカルト（一五九六―一六五〇年）、スピノザ（一六三二―一六七七年）、ライプニッツ（一六四六―一七一六年）の名があり、さらに一八世紀の偉大な思想家たちがいる。

一八世紀の思想家とは、主にフランス語で思考した啓蒙主義の思想家たちである。すなわち、モンテスキュー(一六八九－一七五五年)、ヴォルテール(一六九四－一七七八年)、ルソー(一七一二－一七七八年)、ディドロ(一七一三－一七八四年)、コンディヤック(一七一四－一七八〇年)、エルヴェシウス(一七一五－一七七一年)、コンドルセ(一七四三－一七九四年)らであった。

前述のように、ヨーロッパでの初期の学問とは、世界(ヨーロッパ以外の世界、またキリスト教以前の時代)からもたらされた情報、モノ、現象、事象に関する整理・分類から始まっていた。それが、やがて一八世紀になると、啓蒙思想家たちは「文明」と「野蛮」の指標をもって事柄を分類し、「野蛮」から「文明」への発展の経路を検討するようになっていく。そうすることで、自らの属するヨーロッパ社会を比較文明論的に考察していった。

モンテスキューの『法の精神』*De l'esprit des lois*(一七四八年)、またヴォルテールの『諸国民の風俗と精神について』*Essai sur les Moeurs et l'esprit de nations*(一七五六年)は、一八世紀ヨーロッパ思想の金字塔といってよい。

ここで注意したいのは、「法」des lois、「諸国民の風俗」les Moeurs de nationsがいずれも複数形であるのに、「精神」l'esprit は単数形であることだろう。つまり、世界の各所にそれぞれ固有の文化としての「法」や「風俗」がある。しかし、「人間精神」は普遍的で、ひとに共通のものであり、その陶冶によってひとは文明化する、というメッセージが、これらの書物には端的に言い表されていたのである。

いわば、単一的な時間軸に沿って、ひとまた集団としての人間社会の歴史は発展していくもの、と想定されていた。ルネサンスに起源をもつ「古代→中世→近代→現代」という時代認識、また啓蒙思想家たちにおける「文明と野蛮」という図式は、歴史は進歩するという考え方を伴っていた。いずれも単線的なこの社会発展の見取り図は、一九世紀になるとある種のチャレンジを受ける。この点については、第５章で改めて考えてみたい。

ともあれ、ヨーロッパの近代が産んだ錚々たる学者の系譜に私たちは多くのものを負っている。そのことに改めて思いを致したい。例えば「個人」Individual や「所有権」Property Right、また「自由」Liberty という概念は、イギリス経験主義の父とも呼ばれる哲学者ジョン・ロック John Locke（一六三二―一七〇四年）に負っている。王権神授説を乗り越えるべく思想的に苦闘したこのロックの諸観念がもととなって、やがて「三権分立」（モンテスキュー『法の精神』）などの近代的な国家思想、社会思想が展開していくことになる。

オイコノミアの系譜学

近代的思考を展開した一連の思想家、哲学者たちの出現は、今日的視点からきわめて重要なことといわなければならない。しかし、ヨーロッパ史の客観的見取り図を得たい私たちにとっては、当時なお存在していた旧ヨーロッパ的な思想家たちにも顧慮しておく必要があることはいうまでもないだろう。旧ヨーロッパ的な彼らの存在を前提にしなければ、近代的とされる哲学者、思想家たちの歴史的意義を確認することもおぼつかないにちがいない。

この点で、先年ジョルジョ・アガンベンの『王国と栄光』(二〇〇七年)が出版されたとき、不遜ながら「先を越された」と思ったものだった。もとよりアガンベンの思想を私が十全に理解できるはずもなかったが、それでも副題「オイコノミアと統治の神学的系譜学のために」に秘められたキリスト教神学の諸観念に関心を寄せ、その現象形態としての「国家」のあり方、特に「キリスト教ローマ帝国」の統治構造、財政・経済システムに関心を寄せてきた者にとって、「オイコノミア」は年来のテーマのひとつだったのである。

ところが、高桑和巳による達意の日本語訳によって容易に内容をサーベイできるようになり、アガンベンの狙いを詳細に知ることができるようになると、それが私の目論見とはいささか開きのある、誠に高邁な思想系譜学の作品であることも理解された。神学論争に参入しうる備えも力量もないのだから、このような形而上学的研究を狙ってきたわけではない。私の関心は、あえて申せば、形而下の国家制度、また社会生活、文化生活に、「オイコノミア」がどのように具体化されていたかを、歴史学の手法で辿りたいというものだった。

「家政学」としてのオイコノミア

なぜ私はそのような問題意識を抱いたのだろう。ひとつには、経済学を専門的に学ぶ学部に属して思考してきたからだった。「オイコノミア」は、オイコノミクス、つまり「経済学」ではないのか。少なくともヨーロッパ史の文脈のなかでは、何らかの系譜のなかに位置づけられるにちがいない。ギリシア古典の昔から存在することばの神学的、世俗的言説の歴史を丁寧に辿ることは、私にはできない。ただ、これが四世紀以降、いや厳密にいえばキリスト教世界になってから以降（そのかぎりでは、部分的に二世紀以降となるが）、キリスト教著述家のなかで独特な了解事項となって論じられてきたことは知っていた。アガンベンのこの書物からも、そのことは改めて確認された。

「オイコノミア」とは、本来、「家」を意味するオイコス Oikos と、「法」や「摂理」を意味するノモス Nomos を結合させたことばである。

前キリスト教時代の地中海世界にあって「オイコノミア」は、「家政」と関連づけられる概念だった。家政、つまりイエ経済は、もとより地中海のポリス＝キウィタス社会（ローマ社会までを含む）を構成する中核的存在だった。イエ経済（家政）は、古代ギリシア、ヘレニズム、さらにはローマ帝国時代になっても、社会の中核的役割を担っていたのである。

だからこそ、クセノフォン（前四三〇頃－前三五四年頃）の『オイコノミコス』は、家長に求められる徳目として「財の活用のあり方」、つまり財と家人（一族郎党）をマネジメントする能力を説いていた。古代ギリシア語で oikodespotes、ラテン語で pater familias と呼ばれた家父長の権限は、生活ユニット内のあらゆる局面に及び、家父長が統括するイエ経済（家政）が、ポリス＝キウィタスの政治・経済的活動を支えていた。

この含意で、またアウグスティヌスも「イエの秩序」を論じていた。

家の平和は、共に住まう者のあいだでの命令する者と従う者との秩序ある和合である。国の平和は、市民たちのあいだでの命令する者と従う者との秩序ある和合である。天上の国の平和は、神を享受する者と神においてたがいに享受しあう者との、もっとも正しい、もっとも和合した共同である。そして、あらゆるものの平和は秩序の静けさである。秩序とは、等しいものと等しくないものとにそれぞれの場所を当てがう配備である。（服部英次郎訳『神の国』一九・一三）

秩序よく治められている家は、天空の階梯、また「神の秩序ある支配」を反映しているのである。（『秩序論』二・一九）

「全き家」のオイコノミア

家政としてのオイコノミアは、実のところ一八世紀に至るまで、ヨーロッパ世界における重要な概念だった。一般に旧体制《アンシャン・レジーム》と称される旧ヨーロッパ世界、すなわち近代化される以前のヨーロッパにおいて、家政学は、何より家父長が修めるべき学問の体系でもあった。

ドイツの歴史家オットー・ブルンナー（一八九八―一九八二年）は、「全《まっ》き家」das ganze Haus というキーワードで、前近代におけるヨーロッパ社会の編成問題を明晰に説明している。

その典型としてブルンナーが例示して興味深いのが、ヴォルフ・ヘルムハルト・フォン・ホーベルク Wolf Helmhardt von Hohberg（一六一二―一六八八年。図15）の『篤農訓――貴族の農村生活』*Georgica*（一六八二年）だった（図16）。それは全一二巻から成っており、現代人の学問領域でいえば、農学や鉱山学、植物学、動物学、獣医学、林学、水利学、また狭義の家政学など、きわめて多彩な実学的分野を網羅していた。ホーベルク自身がはしがきで述べるように「家政ほど広範な仕事はない」のだった。

図15　ヴォルフ・ヘルムハルト・フォン・ホーベルク

図16　ホーベルク『篤農訓』(1682年)

ホーベルクが述べる家父長が修めるべきオイコノミアは、私がそれまで了解していた「個人」と「市場」と「国家」を中心概念とする経済学（国民経済学）ではなく、「家父の書」**Hausväterliteratur**と呼ばれるものだという。人間生活のあらゆる部面（例えば古典的な経済学がいう、生産、交換・流通、消費）が一定の社会空間で完結する世界。それが、家政学でカバーされていた。しかも、農業、牧畜、採集を主とする経済生活は、私たち近代人の「都市」を舞台とし「商品」化した物品の取引を基軸とする経済生活とは対照的だった。

忘れ去られた往時のオイコノミアと、今日まで人口に膾炙するエコノミーの対蹠性は、新たな驚きを喚起しながら前近代社会への想像力をかきたてた。こうして私の研究は、現代に直結する〈近代社会〉の具体的生成分析を見据えながら、一連の装置を生み出す種子を胚胎したプロトタイプ社会の検証へと向かっていった。

私たちの経済学は、近代市民社会の産物である。とすれば、私が見定めたいと願っているのは、その原型としてのオイコノミア論にちがいない。いみじくもブルンナーも指摘していた。テルトゥリアヌス以後のキリスト教教義学で用いられたことば「オイコノミア」とは、歴史を規定する神の政治統治、すなわち「神の経綸」を意味するのである、と。

神を中心とするキリスト教的世界観は、一七世紀末に著されたホーベルクの『篤農訓』序文にもこう記されていた。いわく、神は「人間を愛し給う天上の家長にして、偉大なる世界統治を倦むことなく永遠にみそなわす」ものである、と。旧ヨーロッパ世界の所領主＝家長にあって、神の「オイコノミア」(経綸)と人間の「エコノミー」(家政)とのあいだの関連はなおよく認識されていた。

他方、「オイコノミア」をめぐる包括的考察は、実は近年まで出現していなかった。個々の教父に関する個別研究のなかに、その神学問題についての考察が見られはした。しかし、この用語の水脈を系統的・包括的に辿る作業は、ほんの二〇年前になって始まったにすぎない。

アガンベンの著作は、その系譜を包括的に辿った画期的な作業といってよい。しかし、彼も指摘するように、「オイコノミア」についての神学的含意を諸著述に丹念に辿る労作は、先んじて刊行されていた。ゲアハルト・リヒター『オイコノミア――新約聖書および二〇世紀に至る教父文学、神学著述におけるその用例』(二〇〇五年)がそれである。後塵を拝したアガンベンは、リヒターとは独立して「オイコノミア」の概念史を丹念に辿っていたと記すが、中世キリスト教世界におけるサーベイは、切り口は違うものの、このリヒターの著述と重なる部分が多い。

リヒターは、新約聖書において「神の統治」の意味で集約されることになる「オイコノミア」なる用語の変遷を、新約聖書から二〇世紀まで辿る。特にギリシア諸教父の著述を周到に精査し、四世紀以降のビザンツ世界で教会が行った実践、またビザンツ法体系の原理的核心に「オイコノミア」が現象した、と指摘する点は、私のようなビザンティニストにとって貴重な示唆である。また、ビザンツ皇帝が主宰して地中海全域に広がる教会のあいだで論争が行われた「全地公会議」Ecumenical Synods での普遍的努力に、「オイコノミア」の具現を見ている点もまた重要な指摘だった。

キリスト教著述家におけるオイコノミア

リヒター、アガンベンは、「オイコノミア」は「神の救済計画」を示しているのではない、と指摘して私の蒙を啓いてくれた。むしろそれは「委ねられる何か」であったという。「オイコノミア」という用語に神学的意味を与えた最初の人物、パウロはこう語る。

……あなたはエフェソにとどまり、ある人びとに異なる教えをのべさせせぬようにせよ。信仰にもとづく神の恵みの分配(オイコノミア)には何ら役だたず、むなしい議論をひき起こすばかりの果てのない系図と作り話に耳を傾けさせせぬようにせよ。(フェデリコ・バルバロ

訳『テモテへの手紙　一』一・三―四）

ここで「オイコノミア」は、「信仰にもとづく神の恵みの分配」と表現されている。

父はすべての上知と賢明をもって、私たちの上に豊かに恩寵を与えられた。神はそのみ旨の奥義を知らせ給うた。あらかじめ神がキリストにおいて立てられた慈悲深いご計画《オイコノミア》を。それは、時満ちれば実現するものであり、天にあるもの地にあるものすべてを、唯一のかしらであるキリストのもとに集めるという奥義であった。（同訳『エフェソの信徒への手紙』一・八―一〇）

私はすべての聖徒のなかでもっとも小さな者よりも小さな者であるが、キリストの底知れない富を異邦人に告げ、万物の創造主である神のうちに、代々に隠されていた奥義の分配《オイコノミア》とは何かを皆に現す恩寵を受けた。それは多種多様な知恵を、天の権勢と能力に、教会において、いま知らせるためである。（同訳『エフェソの信徒への手紙』三・八―一〇）

パウロにとって、「オイコノミア」は「慈悲深いご計画」「奥義の分配」だった。この理解は、その後のキリスト教世界の歴史のなかで標準的な認識となっていく。

四世紀は、キリスト教とローマ帝国の関係性の歴史においてきわめて重要な時期である。なぜなら、それまで迫害の主体であったローマ権力が、キリスト教に寛容な姿勢を示し、いわんやその世紀の末(三九二年)には、排他的な国教としたからで、キリスト教徒の側からすれば、敵対していた相手をいまやパトロンとして構想し直さなければならなくなった時期だからだ。

キリスト教の著述家の系譜に沿ってこの時代の「帝国」観(の変遷)を辿る作業は、なお課題として残されている、といわざるをえない。多くの優れた著述家を生んだ時代であるから、価値の転換を周到に見通すことは難業というものだ。

多くの研究者が取り組む対象として、カイサリアのエウセビオスがいる。価値転換時代の初期段階で、宮廷聖職者、政治家でもあったエウセビオスは『教会史』を著し、当時なお予断を許さぬ教会の地位の確保に努めた。彼は、キリスト教著述家のなかではそのギリシア語の拙劣さで知られる。とはいうものの、『教会史』は「もし彼の物語が抹殺されるならば、人類史のなかの最重要な一章についての私たちの知識に大きな空白が生じる」(ライトフット)、「教父学の黄金時代は、教会史の父エウセビオスの目ざましい著作活動でもって幕を開ける」(クウァステン)と評されるほど重要とされる作品である。

彼の『教会史』は、二つの事柄を言い表すことから説き起こされていた。

私はこの物語を、人間が理解するにはあまりにも崇高で圧倒的な概念、すなわちキリストのオイコノミア(受肉)とテオロギア(神性)から始めようと思う。なぜなら、教会の導きの歴史を文書で伝えようとする者は、私たちの呼び名がその方に由来するがゆえに、多くの人びとが考える以上に聖なる、キリストのオイコノミア(受肉)のはじめに遡って、そこから始めねばならぬからである。(秦剛平訳『教会史』一・一・七―八)

エウセビオスにあって、「オイコノミア」は「テオロギア」(神性)に対置される「受肉」である。キリストの受肉が、パウロにおいては「(神の計画の)引き受け」、「(恩寵の)分配」であったとすれば、オイコノミアは、「本質」に対置される、地上の世界における「実践」を指し示していた。

ニコラ・ド・マルブランシュ

いわゆる初期教父、またビザンツ期の教父たちのなかで、オイコノミアは「神によって委ねられた任務」「神の意志に従って展開される活動」というほどの意味で使われていた。この了解は、ヨーロッパ＝地中海地域におけるキリスト教世界にあって重要な思想史上の事実といってよい。そしてその痕跡は、一八世紀に至るまで看取される。

例えば、一七―一八世紀フランスを代表するキリスト教思想家ニコラ・ド・マルブランシュ（一六三八―一七一五年）。「すべての事物を神において見る」の金言で知られる彼は、人間の感覚や認識は、神の内なる認識に至る契機であると考えて、当代一流の論客として活躍した。マルブランシュによれば、キリストなる存在は、「神を最高の立法者とする「統治」gubernatio の実行部長として働く」者だった。

神（教会）の支配。王の統治。神なる存在と、その支配権 Imperium のあり方、そして「神による世界統治」という問題をどのように構想するか、という問題は、一七世紀後半以降、パスカル、ライプニッツ、ニコラ・ド・マルブランシュによって一大論題とされていた。

一七世紀から一八世紀の議論は、「（神の）摂理にもとづく世界統治」という認識に至っている。神学者、哲学者たちの筆は、統治実践、権力理論などあらゆる領域に及んでいった。アガンベンによれば、彼らの議論は、摂理がどのように統治を行うのか（神性の分割）、統治と統治される者たちとの関係性に関する議論、に収斂されていったのだという。

この知的・学問的潮流のなかで、マルブランシュにおける「オイコノミア」は、神性の分割を含意してはいない。「キリストに譲渡された主権的潜勢力 puissance souveraine の分割を（オイコノミアは）含意してはいない」のだった（アガンベン『王国と栄光』）。

マルブランシュは、一八世紀アンシャン・レジーム期のフランス思想界で大きな影響力をもった。その彼によるキリスト論、また「最善の統治」に関する次のような物言いは、当時のオイコノミア理解を示していた。

人間たるイエス・キリストこそが教会の長であり、彼こそが構成員たちを聖別する恩寵を構成員たちの上に及ぼす。だがそれは彼が、永遠の神殿という大いなる意図を彼を通じて実行するべく神が彼のうちに定めた一般法則の帰結としてのみ、この権力をもっているからである。……すなわち神は、祈りや欲望によって神の意志が有効であることを人間として規定するイエス・キリストという代務を通じてのみ、本当に内的な恩寵を与えるとしても、内的な恩寵を与えるのはやはり神、ただ神のみなのである。

「神は人間たちを愛している。神はすべての人間が救済されること、すべての人間が聖別されること、すばらしい働きを行うこと、自らの教会をできるだけ充ちた、できるだけ完全なものにすることを欲している」とマルブランシュは説いていた。

彼にとっては、神の統治、その代務者による「善き支配」こそが、「世界」救済の要諦だった。「王権神授説」を支える原理は、旧ヨーロッパ世界での神学的オイコノミアの規準となった。そこには神意による「摂理」providentia が前提され、神意の代務者としてのイエス・キリスト、また皇帝、王なる存在とその役割が導き出されていたのである。

四　近代社会のオイコノミア

摂理機械

さて、「摂理機械」providential machine というミシェル・フーコー(一九二六―一九八四年)による造語がある。近世以降の国家/国家論を考察する際に有用な術語であるが、それは、「中世」すなわちキリスト教化したローマ帝国を考える上でも、示唆に富む指標といえる。

フーコーは、権力関係の歴史を扱った講義で「統治性」の系譜を論じた(フーコー『安全・領土・人口』)。そこでフーコーは三つの異なる「統治」について弁別する。第一は、領土的な主権国家の制度モデルに対応する法システム。これは、許可/不許可(=禁止)を仕分ける規範コードによって定義づけられ、刑罰システムを包含する。第二は、近代の規律社会に対応する規律メカニズムである。このメカニズムは、「法の脇で一連の警察的・医学的・監獄的な技術を作動させ、それによって臣民の身体を秩序づけ、矯正し、調整する」。第三は、現代の人口国家に対応する安全装置である。

フーコーによれば、統治技術の起源はキリスト教的な司牧、「霊魂の統治」regimen animarum である。確かに、マルブランシュに見たように、それは一八世紀まで支配的観念だった。この「霊魂の統治」が政治的統治の「モデル・母型」となったことは、ヨーロッパ史の文脈に照らして「歴史の事実」と考えてよいだろう。司牧は、本質的に個別の人間と人間集団の全体に関わるものだったから、政治的統治にあっても、この二重分析的な活動が継承されたのだった。

個人や、それに関わる物事、富に関して、フーコーは「オイコノミア」の概念を用いて論じている。すなわち「政治的実践の内部にオイコノミアを導入すること、これこそが統治の本質的目標になる」と。統治とは「オイコノミアというかたちで権力を行使する術」とまで書いている。アガンベンは、ここでの「オイコノミア」は明らかに、イエ経済モデルにもとづいて秩序づけられる経営という理念である、と指摘する。先に取り上げたホーベルク『篤農訓』のような家産(イエ経済)経営を踏まえたとき、私も、そのように了解するのである。

近代社会のオイコノミア

アダム・スミスの『諸国民の富』(一七六八年)は、近代的な経済概念を展開した書物として知られる。つまり、国家から解放され、国家と対峙する交換社会の存在を覚知し、この実在するシステムを摑み取るためのまさに近代的な経済諸科学の諸概念をスミスは前提にした。スミスは、まさに『諸国民の富』において、国民経済学の基礎を置いた。しかしそれもまた、「見えざる手」(摂理)のもとにある《自由》な行為主体を見てとったかぎりにおいて、キリスト教的世界観に規定された、社会空間認識だったといってよいだろう。ホーベルクとスミスの相異は、家長《ヘル》に統括された閉鎖的な所領空間を前提とするか、あらゆる桎梏から解放され、自主、独立を尊重する「市民」(都市民)の居住空間、つまり「摂理」が統治する政治経済空間における「市民社会」「市場社会」「国民国家」を実体あるものとして認識するか、の別にあるのではないだろうか。

他方、摂理によるこの世のオイコノミアは、やがて神が創った世界の自律性によって、世界がまるで自ずと統治されるかのように世界を統治する(アガンベン『王国と栄光』邦訳五一八―五三五頁)。ここに至って、神学は無神論に、摂理主義は民主主義へと解消され、私たちが「近代」と呼ぶ社会が生長した、と考えられるわけである。

「空の御座」と見えざる代務者

アガンベンの『王国と栄光』を手に取り、驚いたことがあった。口絵に「空《から》の御座《みくら》」の代表例(アガンベンでは「玉座の準備」図)が紹介されていたことだった(図17―20)。

図 17　コンスタンティノポリスの大理石レリーフ(5 世紀). ベルリン国立博物館蔵

図 18 「玉座の準備と十字架」モザイク画(6 世紀). アリアーニ礼拝堂(ラヴェンナ)

図 19　パラ・ドーロにおける「玉座の準備」(12 世紀初頭). サン・マルコ大聖堂(ヴェネツィア)

図 20　ジョット・ディ・ボンドーネ『聖フランチェスコの生涯』フレスコ画から(1290-95 年頃). サン・フランチェスコ聖堂(アッシジ)上部聖堂

ビザンツ研究に携わる者なら、そこに座しているべき主が不在である玉座の図像を知っている。東地中海地域には、ローマ＝コンスタンティノープル教会とは教義上、儀礼形式上で微妙に異なる立場を自認する人びとが（少なからず）いたからである。ローマ＝コンスタンティノープル教会の正統信仰は、イエスの両性論（神性と人性がイエスのなかで混ざらずにともに存在すると考える立場）を唱えていた。カルケドン公会議（四五一年）での諸決定は、この立場を基本として、三位一体論を正統な教えとした。ところが地中海世界、特に東地中海地域には、これとは意見を異にする人びとがいた。例えば、アレクサンドリアにおいて多くの賛同者をもった単性論（アソンプション〈被昇天〉後のイエスの人性を極小視する立場の人びと）である。「空の御座」図像は、これらの人びとの立場などを反映していたのだった。

ビザンツ帝国内で例を挙げれば、キリキア地方のイサウリア人らが、この東方的教義に親和していたのであって、「空の御座」は彼ら（カルケドン公会議決議に従わぬ東方諸教会。東方正教会とは峻別されねばならぬことに注意）のあいだでは往々にして見られた図柄だった。

確かに、神そして救世主は、「栄光」に包まれているがゆえに人間の認識能力を超えた存在だ、とする理解には首肯できるものがある。ビザンツ史のなかでも、八世紀から九世紀のいわゆる聖像破壊運動《イコノクラスム》は、そのような理解に傾いたイサウリア人皇帝たちによる政治的・宗教的政策にほかならなかった（イスラームの教義との関連性も、もとより精緻に検討されなければならないところではあるが)。

パウロも、神を「栄光の父」(『エフェソの信徒への手紙』一・一七)と宣していた。神は、自らの知恵を愛するがゆえに、自ら発する光輝 apaugasma に本来的に包まれている。子(イエス)は神の光輝を受けて、鏡のように反射する。かくして、主の座する場所に光が描かれ、あるいはその不可視性、不可知性ゆえに、主の姿が不在のものとして描かれうることがあったのである。

イコノクラスム以降のビザンツ教会において、神、イエス、マリアなどの聖像表現がリアリティに欠ける様式で描かれたのも、そこに神などの存在を覚知するよすがとしての「影」を描いたもの、との理解が広く共有されていたからである。オイコノミアをめぐる言説と表象の歴史に、東方の息吹を改めて感じずにはいられない。

第5章

歴史から現代を見る

―― 俯　瞰 ――

パリ・ノートルダム大聖堂から望むパリ市街
モンマルトルのサクレ・クール寺院を遠望する

一　国家と社会をどう捉えるか

近代ヨーロッパの古層

ヨーロッパは、その長い歴史のなかで、現代世界の規準となる国家の仕組みや社会の機制を生んだ。それは、現代ヨーロッパの人びとがいうように、ヨーロッパ一六〇〇年の歴史のなかから産み落とされたものだった。

前章で見たように、一八世紀まではマルブランシュの所説に代表されるように、神の統治とその代務者による「善き支配」こそが「世界」救済の要諦である、との世界観を多くの人びとが共有していた。「王権神授説」を支える原理には、神意による「摂理」providentia が前提され、神意の代務者としてのイエス・キリスト、また皇帝（ローマ皇帝）、そして各地に存在する王なる存在とその役割が導き出されていた。それは、第3章で見た、一〇世紀の皇帝コンスタンティノス七世が描いた「帝国」統治のイメージさながらの論理だった。

統治技術の起源は、キリスト教的な司牧、「霊魂の統治」regimen animarum であった。国家役人、つまり国家における行政機構は、社会がキリスト教化された古代末期以来、天上界における天使の階層秩序に倣ったかたちで設定されていた。この「霊魂の統治」が、政治的統治の「モデル・母型」となったことは、確かにヨーロッパ史における歴史的事実と了解してよいだろう。司牧は、本質的に個別の人間と人間集団の全体に関わるものだったから、政治的統治にあっても、この二重分析的な活動が継承されたのだった。

ヨーロッパ史の視座

ヨーロッパは、キリスト教的世界観による以上のような社会秩序論を古層にもちながら、近代国家論を含んで多くの文化的精華を生み出した。哲学、歴史、文学など、文化的営みも数多く積み上げ、それらを洗練させてきた。

自由で平等な個人の結びつき（アソシアシオン）から成る「近代市民社会」は、一七世紀以降に発展した「近代的思考」が生み出した精華であるし、自由な取引を基軸に展開した「市場経済」は、旧ヨーロッパの社会構成とは異質な機制で人びとの暮らしを駆動している。ヨーロッパ発の一連の作法と仕組みは、非ヨーロッパ世界に住む人びとにとっても永遠の価値をもつ模範となった。

本書は、ヨーロッパ世界をどのような枠組みで観察し、その特質をどう理解したらよいのか、という問題を念頭に、「ヨーロッパ史」のあり方を省察したいと考えてきた。私はそれをまず、より広義のヨーロッパ、つまりキリスト教世界の広がりのなかで観察してみることを提案した。

大雑把にいえば、古代末期と私たちが呼ぶ時代に、地中海世界の文明社会はキリスト教化し、周辺の諸民族を取り込み、彼らをも文明化した。以下で多少立ち入って述べてゆくが、そのなかから西北ヨーロッパの地域にフランク王国を母胎とする「ヨーロッパ社会」が発展していくこととなったわけである。

西北ヨーロッパ地域の人びとは、やがて「近代」と呼ばれる時代を内発的に産み落とした。そして、その活動をグローバルに展開していった。一六世紀以降の彼らの活動の展開によって、世界各地の固有な社会と摩擦を生みつつも、その合理的に洗練された作法が、いわば世界標準として普及していったのである。

ドイツ歴史学派

前章で触れたように、一六世紀に生まれた「古代→中世→近代→現代」という時代認識と、その延長にある一七世紀の「文明と野蛮」という図式は、歴史は普遍的に進歩するという考え方を伴っていた。ところが、ドイツ歴史学派と呼ばれる学者たちの所説は、単線的発展の図式への反論を含みながら、それぞれの地域には歴史的に規定された事情があると説いて、地域の個性を前提にすべきとの立場を示した。

ドイツと冠されるように、彼らは「ドイツ人」であった。しかし、一九世紀初頭までは神聖ローマ帝国があったのであり、必ずしも彼らにドイツ人意識が共有されていたわけではない。一八〇六年にナポレオン軍に敗れて帝国が崩壊すると、帝国の一部を構成していたプロイセン王国を中心に「ドイツ人」意識を高揚させる言説が登場する。フィヒテ（一七六二―一八一四年）がナポレオン占領下のベルリンで行った講演「ドイツ国民に告ぐ」（一八〇八年）や、アダム・ミュラー（一七七九―一八二九年）の「ドイツの学術と文学に関する講義」（一八〇六年）は、当時の「ドイツ人たち」の時代意識を代表していた。

これから自分たちの歴史を切り拓かなければならない状況（敗戦からの立て直し）に当面して、彼らの「ドイツ人意識」（ドイツ・ナショナリズム）は政治・経済活動にとっての始点となった。この後一八七一年に、歴史上初めて「ドイツ」の名を冠するドイツ帝国が誕生するのであるが、一九〇〇年にドイツ民法典が施行されるまで、六世紀に成立したローマ法典がドイツの現行法として通用し続けた。

さまざまな発展段階論

一九世紀的な歴史学者の多くは、総じて「発展段階論」的理論を志向した。その知的潮流から経済史という学問分野が誕生し、経済学を含めてこのトレンドを牽引する学問分野となり、ヨーロッパ史の見方にも強く影響を与えることとなる。

リスト（一七八九―一八四六年）の五段階論（『経済学の国民的体系』〈一八四一年〉における「野蛮・牧畜・農業・農工・農工商」段階論）、ヒルデブラント（一八一二―一八七八年）の三段階論（一八六三年論文の標題にもなった「実物経済・貨幣経済・信用経済」論）、シュモラー（一八三八―一九一七年）の六段階論（論文「フリードリヒ大王の経済政策研究」〈一八八四年〉における「種族・マルク・村落・都市・領邦《テリトリウム》・国家」論）、ビュッヒャー（一八四七―一九三〇年）の三段階論（『国民経済の成立』〈一八九三年〉で展開された「封鎖された家族経済・都市経済・国民経済」論）などは、わが国にも翻訳され、よく知られている。

なお、あらゆる文化発展の基礎としての経済発展を重視したマルクス（一八一八―一八八三年）から、重厚な経済発展段階論が期待されることは、当然である。しかし事実は、単に断片的に三段階ないし四段階論のアイディアが展開されただけで、マルクスおよびエンゲルスの思索と関心は、もっぱらそのような発展段階のひとつである資本主義経済体制の分析に集中されていた。その他の段階については、断想的な言及や段階の推移についての図式的暗示が示されているにすぎない。例えば、『経済学批判』（一八五九年）「序文」に見られる「アジア的、古代的、封建的、および近代ブルジョワ的生産様式」論であり、また『資本主義的生産に先行する諸形態』（一八五七―五八年執筆）における「古代奴隷制、中世農奴制、近代」構想がそれである。

これら歴史学派と総称されるドイツ系学者の群れが、二〇世紀の社会科学に多大な影響を与えたことはよく知られている。発展段階論的見方がいかに学界を風靡したかは、アドルフ・ヴァーグナー（一八三五―一九一七年）のような必ずしもこの学派に与しないベルリン大学の財政学の碩学までが、類型的発展段階を論じたことからもうかがわれる。

発展段階論的思考に最後の輝きを与え、またその終末を宣告したのは、ヴェルナー・ゾンバルト（一八六三―一九四一年）だったといわれる。彼は先行するすべての段階論を総合し、方法論的に批判して、この一連の思考に最後の仕上げを加えるかたちで自らの段階論を構想した。西洋文明史の碩学だった村松恒一郎（一八九八―一九八四年）の整理によれば、ゾンバルト独自の「社会化」の原理にしたがって純粋に概念的になされた類型区分「一、社会化以前の経済・孤立的経済、二、過渡的経済、三、社会経済」に対応して、彼は、以下の一〇個の経済体制の展開を措定した。つまり、「一、原始的氏族経済、二、大家族経済、三、単一経済単位としての拡大自足経済《グルントヘルシャフト》、四、多数の独立経済単位を含む拡大自足経済、五、村落経済、六、交換経済とりわけ都市経済、七、社会主義的経済、八、古代奴隷経済、九、近代植民地における奴隷経済、一〇、自由な賃金労働をもつ資本主義的流通経済」である。

各人がそれぞれの根拠を携えて展開した発展段階論の潮流は、大いなる論争を含みながら、ひとつの時代を築いて壮観であった。

スミスの社会観との違い

ここでは、以上の発展段階論の内容分析に立ち入ることはせず、一世を風靡したこの思考の背後にあった動機について簡単に指摘しておくにとどめたい。彼らは、ドイツ語圏の思想家であり、経済学者であった。そして彼らは、ロマン主義の思想潮流の影響下にあって、「ドイツ」国家の形成と発展に向かう当時の政治思潮の重要な一翼を担っていた。彼らにとっての「近代」は、いわば国家によって創られるべきものだったのである。

歴史的に規定された地域の事情があり、それがそれぞれの地域の発展の与件となる、という考え方は、古典派経済学に対するある種のアンチテーゼでもあった。

先述のように、アダム・スミスの『諸国民の富』は、近代的な経済概念を展開した書物であった。スミスは、「国家」から解放され、「国家」と対峙する交換社会の存在を覚知し、「見えざる手」のもとにある《自由》な行為主体を見てとった。ドイツ歴史学派が国家によって歴史が創られるべきものと考えたのに対し、スミスは国家の役割を小さく見ていたのである。

二《自由な個人》はどこからきたのか——「近代化」論と都市

「近代化」をどう見るか

ヨーロッパ史、特に一八世紀以降のヨーロッパの歴史研究を彩るトピックに「近代化論」がある。本書の冒頭でも触れた各国史は、一九世紀以来の国民国家の歴史をベースに、近代国家化し、近代社会化した各国の淵源が「中世」のどの時期にあったか、またどのような端緒でそれぞれの国家の現在に向けて歩み出したのか、を探るモチーフに縁取られていた。

旧ヨーロッパの社会は、農業生産を基礎とする諸活動を営む所領ユニット（イエ経済）によって支えられていた。このイエ経済の営みにあっては、古代の地中海世界（古代ギリシア、古代ローマ）におけると同様に、所領主（家長）の権限が、村落住民と生産要具、また産出される生産物に対して全的に及んでいた。土地および生産要具の所有は、イエ経済のあらゆる権限を握る家長のもとに留保されていたのである。

一九世紀以来のヨーロッパ史研究、また二〇世紀後半の日本におけるいわゆる戦後歴史学にあっても、主眼はこの経済史研究に置かれていた。そこでは、ヨーロッパ域内各地における村落、農業活動の実態が分析され、所領の経済社会構造の解明がめざされていた。

経済活動が農業ベースであったとすれば、当時の人口の大半は農業民だったことになる。所領における人間関係はどのようなものだったのか。村落内紐帯における農民の意識と行動等もまた、それ自体が興味深い考察領域だった。しかし、「近代社会」の文法を「前近代社会」との対比／連関のなかで理解したい場合、問題となるのは、そこから自由契約にもとづく雇用労働編成を基礎とした近代の産業社会が生まれ出るための契機《モーメント》だった。

一九世紀以来、経済史学にあってはヨーロッパにおける工業化の萌芽をめぐる議論が一大論題でもあった。村落社会内におけるプロト工業化論、都市における健全な「市民」階級の成長に商業ブルジョワジー、産業ブルジョワジーの成熟を見る立場。さまざまなテーゼが提起され、諸事実が収集・分析されていた。そのなかで、ドイツの歴史家テオドール・マイヤー（一八八三―一九七二年）は、事態をより一般的なレベルで認識してこう設問していた。「固有の支配圏《ヘルシャフト》をもつ高級貴族と自由人の社会《ゲゼルシャフト》が、国王の国家に組み込まれ、臣民からなる国民《フォルク》に変えられねばならなかった」と。

ここでいわれる「固有の支配圏をもつ高級貴族」からなる「社会」と、「臣民」からなる「社会」とは、まったく別物である。マイヤー、また先述のブルンナーにとって、その転移こそが問題というわけである。旧い身分制的社会構造から近代的な工業社会、つまり市場中心の産業社会へとヨーロッパは脱皮した。それは、ヨーロッパでは王権のもとで成立した「国民国家」

の枠組みで展開した。

旧体制《アンシャン・レジーム》の機制からの解放。家長たる所領主によって緊密に維持・管理された労働力が、自由な人的結合にもとづく工業生産部面にシフトされる契機《モーメント》とは、いかなるものだったのだろう。すなわち、所領に緊縛された農民が解放される契機と原理とはなんだったのか。「近代社会」を担うブルジョワジーと労働者大衆は、どこからやってきたのか。

この大問題に対して、歴史学の教師はいまなおフランス革命（一七八九年）に代表される市民革命がそれを成し遂げたのだ、と解答を与えるかもしれない。しかしそれだけでは、十分な理解が得られるわけではない。

「都市」がキー概念

わが国の西洋中世史の碩学だった増田四郎は、以上のようなヨーロッパ社会史の根本問題を考える上で、「都市」の発生と「都市民」の成長がキーとなることを指摘した。工業化を中心に展開した経済社会の近代化は、確かに「都市」を中心に達成された。というより、より正確には「都市民」burgus/bourgeois を担い手として推進された。この認識とともに増田は、都市的空間の歴史的重要性を指摘していた。ブルンナーもまた、「市民」Bürger を担い手とする「工業化」と「官僚化」の進展にヨーロッパ社会の近代化を見る。農村的経済社会編成とは異質な都市空間。そこでは、農業以外の生業、つまり商業と工業が中心的な経済活動実態だったのであり、新たな経済社会空間認識が胚胎していたというのである。

「都市」を舞台とする「市民」の活動が、西欧の歴史において時代を画した牽引力だった。それは、アダム・スミス以来の経済学の歴史が「市民」の学、つまり非農業部門の生業を生活基盤とする近代的人間存在にとっての「市民社会」論であることを教えてくれた。この認識に立ったとき、「前近代」(＝中世)世界の所領経済が、「自由」「平等」な人格尊重の態度を旨とする「近代市民社会」作法のいわば反転像として、領主の経済外的強制を伴う支配・被支配関係というネガティブ・イメージのもとに捉えられていることも了解されるだろう。また、所有権なる概念が、独立した法人格を前提にした、商工業ブルジョワジーを中核とする近代社会に適合的なもの、つまり「近代市民社会」に固有な概念として想定され、その概念が(不適切にも)中世社会にも持ち込まれている、とも理解されるだろう。

都市と《自由な個人》

生産要具(土地、道具)と労働力(ひと)を編成し、もの(製品)を生み出して「商品」として「市場」で売却する。その自由な生産活動の編成と、持続的な生産組織の維持を可能とするのは、社会成員の移動や就業機会を家長が抑止する《不自由な「全き家」》ではなく、《自由な都市空問》である。近代経済社会に対するイメージは、まさに都市／市民の存在にかかっていた。私たちを巻き込んでやまない市場社会は、こうして《自由な個人》としての市民の健全な活動を前提としている。とするならば、この《自由な個人》としての市民の出現の模様が、次なる問題として浮上することになる。

近代社会は、自由な労働力そのものが商品化される場でもあった。ひとの商品化。それは、確立された人格をもって自らの意志で自らの時間を「貨幣」との交換に供する個人、つまり労働力を売買行為に委ねて雇用される個人が十分に存在するという事態である。近代市場社会とは、そのような《自由な個人》の自由な労働編成にもとづく企業社会の成長を伴っていた。今日当然の存在として機能する「会社」組織もまた、きわめて近代社会に固有な歴史現象であった。それは、国家経営のレベルでも同じことである。能力を有する「市民」が「国家」の運営に当たる。ヨーロッパの近代では、偏狭な所領ユニット(領邦)の殻を破って、公共圏(国家)への奉仕がめざされもしたのだった。一九世紀以来の経済史学は、各国におけるこの工業化・企業社会化・官僚化の推移分析を重要な課題としてきた。

ところで、この近代化過程を担ったとされる《自由な個人》とは、いったいどこからやってきたのだろうか。この「市民」の出現とその契機《モーメント》は、ヨーロッパ社会の転換をめぐる議論にとって、きわめて重要な問題として認識された。マイヤーの問題設定に見られるようなこのテーマの重要性と意義を、日本のヨーロッパ史学界のなかで初めて指摘したのは、上述の増田四郎だった。増田は、ベルギーの歴史家アンリ・ピレンヌ(一八六二―一九三五年)の主張を援用しながら、一一世紀に見られる「都市の復活」にその決定的動因を見た(ローマ期以来の「古代都市」は九世紀までには衰退したと認識されている)。そして、都市の復活が、遠隔地商業の活発化、および十字軍による空間意識の変化によってもたらされたと説いた。

増田の研究は、西洋中世社会の構造と展開に関する地道な専門的実証研究にもとづきながら、「市民意識」形成の問題にも向かっていく。増田は、近代ヨーロッパ社会の展開の特徴として「『公共世界』をもりあげる『自治的な個人の誓約団体』としての市民感情」の存在を重視すべきだとし、わが国にもそのような「個人の自主的規範的精神」が確立されるべきだ、と説いた。二〇世紀の日本社会に照らしてもきわめてアクチュアルな問題を、増田は平易な表現でそう説いていた。

三 西ヨーロッパ近代社会の淵源――中世都市と「海」

互酬性

二〇世紀の日本の「近代化」について顧みるとき、増田のヨーロッパ都市論は私たちに切実な問いを投げかけていた。この都市論によれば、「個人の自主的規範的精神」が社会に満ちているとき、その社会は「近代社会」の名に値する、ということになる。

しかし、果たして現実の社会は、そのような合理的で自主的な精神をもった個人ばかりから成るものだろうか。あくまで私見であるが、日本の社会においては、現在にあってもかかる《自由な個人》による自主的規範的な精神が十全に浸透しているとは思えない場面がある。むしろ、色濃く看取されるのは、私見によれば「互酬性」である。同じような価格なら多少遠出をしても「友人」「知り合い」から商品を買おうという人は、便宜を与えることで相手に恩義を感じさせ、将来における逆の場面での同様の対応を期待している、と想定されるケースが少なくない。「強制される返礼」を伴うこの人間関係の原理を、その人は無意識に尊重しているといってよいかもしれない。ひと昔前であれば、御中元、御歳暮という慣習もよく目にした。LINEやメールの返信が来ないと、心持ちが不安定になる人すらいるにちがいない。

日本でよく見られるこの互酬的な人間関係（についての感情）と、《自由な個人》による《自由な交換》を原則とする「市場」とは、実は別の原理にもとづくものなのである。クリスマスに教会に行ってお祈りをした一週間後に、お寺で除夜の鐘をつく。その翌日には神社でお賽銭を上げて向こう一年間の無病息災を祈る。これもまた、神や仏への祈禱と拠金によってわが身の無事や願い事の成就を得ようとする互酬行為にほかならない。相互授受の原理にもとづくこれらの現象・行為こそは、わが国で今なおもっとも尊重されている人間関係の原則であるといってよいかもしれない。

互酬の彼岸化

ヨーロッパ中世世界と現代日本社会の特質に関してともに鋭い分析を加えた阿部謹也(一九三五―二〇〇六年)は、今日の日本にはヨーロッパ的な意味での社会は不全であり、「世間」が根強く浸透している、と指摘して、読者に大きな影響を与えた。

人と人を結びつけるこのアルカイックな原理は、実は古今東西の諸社会で看取されるが、明治維新後の日本の「近代化」は、産業構造の機械化、工業化、効率化ばかりをめざして、実態においては必ずしも内実を伴っているわけではない、というのである。いまやこの「世間」論は、既存の社会科学が光を当ててこなかった日本社会の内奥を鋭く照射するものとして、興味深い新たな可能性を示唆している。そればかりか、ヨーロッパ史研究においても優れた視点を提供している。「市場」論に象徴される経済社会についてのシステム論も、《自由な個人》に関する社会論、その存在を可能ならしめる社会構造論を抜きにしては、もはや隔靴掻痒の感を免れない。

それでは、ヨーロッパにおける人間関係の転移は、いかにして実現したのだろうか。都市論を中心とする経済史からの分析は、「都市」という独特な空間の革新的意義を宣揚したが、この特殊空間における「市民意識」の形成については踏み込んだ分析が見られなかった。

阿部は、研究史上の不備を指摘しながらこの現象に自ら分析を加え、ひとつの周到な解答を与えた。マルセル・モース(一八七二―一九五〇年)やブロニスワフ・マリノフスキ(一八八四―一九四二年)が指摘した、世界各地に見られる普遍的「互酬」現象を中世ヨーロッパ世界に読み取ることで、ヨーロッパ史に新風を吹き込んだのであった。それによると、キリスト教の信仰がアルカイックなヨーロッパ社会に浸透し、このよく知られた一〇世紀以降の事態が、一一世紀における特異な都市発生現象をもたらしたという。

キリスト教の信仰は、彼岸(あの世)における「救い」という観念(「最後の審判」時における「天国」行きは義人にのみ許されるとする考え〈『マタイによる福音書』一九・一六、二三―三〇など〉)を人びとに植えつけた。教会聖職者や修道士の説教により浸透したこの「救済」(天国への渇望)意識が梃子となって、ヨーロッパ社会では人間の思考と行動に大転換が惹起されたというのである。

それは、いわば現世における水平的な互酬関係の「彼岸化」「垂直化」であった。唯一の「神」と「私」との互酬的関係が尊重された結果、此岸(この世)での相互授受的人間関係は、多分に「契約」的な、金銭で取引される関係に転移したという。この特殊ヨーロッパ的現象としての神と個々人との互酬的関係は、地上における「個」の誕生を促した。神の恩寵のもとにある個々人が、それぞれに自主独立の存在として、神の恩寵のもとに相互契約の関係を結ぶ。そのような近代ヨーロッパ的世界像がすでに一二世紀になると「都市」を中心にかいま見られるのは、確かに事実であった。その証左として、この時期より市民から神(教会)への寄進が増大し、大聖堂の建設が多く見られるようにもなっていった。それは、魂の救済を希求する個人(市民)の行動によるひとつの社会的結晶であった。

古代末期の〈個〉の誕生

とはいえ、彼岸(あの世)における「救い」という観念の共有、また神と個々人との契約的な互酬関係は、なにも一〇世紀に始まったことではない。それはすでに、四世紀以前から、またキリスト教が国教化された三九二年以降にもなると広く浸透していたはずである。

西洋倫理学の碩学・坂口ふみは、その名著『〈個〉の誕生』で、四世紀から六世紀に展開したキリスト教会間の教義論争のなかでさまざまな諸論が展開されていた文化状況に、神と〈個〉の相互関係に支えられた自己(私)意識(〈個〉の誕生)を読み取った。

当時は、コンスタンティノープル教会とアレクサンドリア教会、アンティオキア教会の聖職者たちのあいだに、「イエス論」(イエスは神か人か)などの問題をめぐって大議論が展開されていた。コンスタンティノープル教会の聖職者らは、ローマ教会の者たちと同調してイエスの両性論（イエスにおける神性と人性の共存を主張）を展開し、アレクサンドリア教会の聖職者たちなどは単性論（特にアソンプション後のイエスにおける人性の極小化を認め、神性のみ残るとする）を主張していた。ローマ皇帝は全地公会議を召集して決着を図ろうとしたが、論争は収束する気配を見せず、結局のところカルケドン公会議（四五一年）では、上記四教会にエルサレムを加えた五本山制《ペンタルキア》が確立したのだった。

いずれにせよ確かに世俗の法令上でも、それまでは財産権や遺言権などの諸権利を有せず家父長の権限のもとに内包化されていた女性が、五世紀半ば頃より皇帝勅令上でそれらの諸権利を帯びて立ち現れる。いまや彼女たちは、遺産相続人（財産保持者）として、堂々とキリスト教の神への寄進（不動産・動産の寄進、また自らの魂の安寧を願っての聖堂建立など）を行っている。ただ、「古代末期」にも確かに存在し、都市に居住もしていたそのような個人は、一一世紀以降に登場する「都市民」とは社会類型上、同一の存在とは了解されない。様子がどうも違っている。

地中海世界の有産市民たちの生業は、基本的に農場経営だった。彼らは都市に居住したが、近郊また場合によっては離れた土地に所領を営んでいた。前章で言及した「イエ経済」が、彼らの基本的な生活単位だったのである。農耕、牧畜を主としていた所領における生産の拡大はありうることとはいえ、基本的には単純再生産のサイクルで「イエ経済」（所領）は営まれていた。航海を通じての地域間交易はあったものの、近距離交易であったことと船舶規模の大きさから推測して、難破による財の損失可能性は低かった。つまり、取得した富(自家消費のほか農業生産物を市場を通して売却もしていた)を、さまざまな機会に費消していた。税納付、国家の軍団を給養する義務遂行、折々の宗教祭儀で行われた饗応、そして生涯のいずれかのタイミングでなされた神(教会等)への寄進、独自の聖堂建立などにおいて費消していたのである。

西ヨーロッパにおける人間関係の転移を解明するには、時間を遡るのではなく、一一世紀以降の文脈を見直さねばならない。

中世都市の特殊性を語るピレンヌ

ベルギーの歴史家ピレンヌは、一一世紀末以降に登場する「中世都市」についてみずみずしく描いてみせた。「中世都市」誕生までの骨太にして明瞭なストーリー。都市誕生後の内部構造分析。そこに生きた人びとの息づかいまでが身近に感じられてくる叙述で、その特殊性を語っている。

大著『ベルギー史』全七巻(一九〇〇—三二年)を上梓したピレンヌは、ベルギーを代表する国民国家史 National History の大家だった。しかし第一次大戦中に、ドイツ・ナショナリズムの伸張が隣国を蹂躙するのを目の当たりにし、自身も虜囚の身となるに及んで、「国民」単位での国家のあり方を冷めた目で見るようになっていた。大戦後のヨーロッパは、厭世的にして前衛的な芸術家集団が生まれるなど、文化現象に多彩な輝きを放った時代だった。ピレンヌの学問的生涯においても、やはり大戦中の経験が大きな転機になったことがうかがわれる。

国民国家形成の時代、これを創り、推進した「市民」たちがいた。近代的な市民社会の来歴を語るナショナル・ヒストリーが紡がれ、それが「中世」に遡及されていた。中世史学の領域でも、近代国家・市民につながる萌芽を求める関心が強くなっていく。「市民の学」としての社会科学（経済学、政治学等）が発展しながら、これと手を携える歴史学が広く行われていた。ピレンヌもまた、「国民性」研究で名を馳せるカール・ランプレヒト（一八五六－一九一五年）の師ヴィルヘルム・アルント（一八三八－一八九五年）にライプツィヒで師事して、研鑽を深めていた。

ピレンヌは、ナショナリスティックな国家・社会観が横溢する一九世紀的空気のなかに生きたが、この潮流が国民国家間の経済圏拡張競争を生み、その帰結として大戦を招来した、とも感じるようになったのである。

彼は、至極当然のことながら、国民国家の形成が「近代」とりわけ一九世紀の産物であることに想到する。また国民国家が、近代以前から存在して自律的な政治経済単位としてあった「地域」および「都市」を基礎として形成されている事実に目を向けた。

ピレンヌは国民国家を超えて「ヨーロッパ史」を語っている。そこには、いくつかの重要なモチーフがあった。特に印象深いのは、『中世都市』(一九二七年)でも鮮やかに語られる次の二点である。

一つは、ヨーロッパ世界の全体性を見わたす視座であった。それは、「都市」(都市民)発生への分析視点と対をなす思考枠であり、本書の立場と同じように、東ローマ帝国(ビザンツ帝国)を越え、アラブ世界の動勢をも視野に含めていた。ピレンヌは、この広大な視座のもとで「ヨーロッパ世界の成立」という壮大な物語を説いた。この世界観は、いわれてみれば当然のことと了解されるのであるが、ヨーロッパ世界成立への洞察としては、ピレンヌによって初めて拓かれた領域だったといってよい。

この視座は、その後、超国民国家EUにも道を拓くこととなる。ブリュッセルにその本部が置かれたのも、ピレンヌが提唱した「ヨーロッパ史」と無関係ではない。『ベルギー史』と並ぶ彼の主著『ヨーロッパ史』(一九三六年)、『マホメットからシャルルマーニュへ』(一九三七年。邦訳名『ヨーロッパ世界の誕生』)は、ヨーロッパ史家ピレンヌの面目躍如たる作品であり、『中世都市』もまたこの壮大なヨーロッパ世界形成物語の系列に含まれていた。

地中海という視座

第二の重要なモチーフは「海」との関係である。

『中世都市』の第一章でピレンヌは、中世初期（四―九世紀）までアルプス以北の狭義のヨーロッパまでもが、地中海とつながっていた、と説いていた。いわく、そこには地中海を舞台とする海でつながる交易圏が広がっていた、と。相次いで登場したゲルマン諸部族国家（東ゴート、西ゴート、ヴァンダル、ブルグントの各王国）もまた、すべて「海」（地中海）につながっていた。遅れて登場したフランク王国が当初「海」とつながっていなかったのは、まさに登場が遅れたことが原因で、ピレンヌによれば「居場所がなかった」だけのことだった。地中海を舞台とするローマ帝国世界は文明社会であり、文化人の出自もまた「海」と深く関係していたのである。

アラブ世界の進出が、この古代的世界を瓦解させた、とピレンヌは指摘する。九世紀以降、確かにアルプス以北の世界は地中海から切り離された。ここに閉鎖的（自給自足的）な農村経済にもとづくヨーロッパ中世が成立した、というのがピレンヌ・テーゼの何よりの骨子だ。

ただ、人びとの暮らしを支える「交換」は、もとよりそのような農村経済に限らず確認することができる。この「局地的市場圏」の存在を析出して、その実相を生き生きと描き出したのは、わが国の森本芳樹（一九三四―二〇一二年）だった。この研究は、いわばピレンヌ・テーゼへの疑義申し立てであったが、そこから大きな成果が生まれ、国際学界から注目されたことは私たちの誇りである。

局地的市場圏が九世紀から一二世紀のアルプス以北の世界に存在したことは、ピレンヌも認めている。ただ彼は、職業的商人階層が不在だったこと、つまり一二世紀以降に、近代につながる商人階層が登場したことに注目する。「近代市民」bourgeois の生業もまた、第一に「商人」、ついで「職人」だった。いわく、「定期的で正常な商業活動、恒常的で組織的な流通、職業商人の階級、都市内部における職業商人の定住地、といった事象を、交換経済の本質的な構成要素とする」と。

空間革命

かつて存在した商人階層は、イスラーム勢力の侵入による地中海の閉鎖以後もはや見られなくなった。これが一二世紀に再び出現するについての謎解きは、すでに『中世都市』にも見られるが、のちにカール・シュミット(一八八八―一九八五年)が、より明快なテーゼを打ち出して さらに印象的なものとなったといえようか。

つまり、『陸と海と』(一九四二年)でシュミットは、十字軍によって地中海(の文物)を知った(アルプス以北の)ヨーロッパ人が、広域的で冒険的な交易を始めたことで「都市」そして「都市民」が誕生したのだ、と語った。この「空間革命」を経験することで、ヨーロッパの個人もまた社会も、あらゆる意味で質的な転換に入ったというのである。

海を行き交う冒険者でもあった「商人階層」(市民)の出現は、その後の「近代」の歴史を考える上でも示唆的といってよい。彼らは、本来的にトランスナショナルな活動を展開する集団だったのであり、「中世都市」は、限定された場《トポス》を越えて結び合う結節点《ネクサス》、実態としては多元的に結び合うコネクサス（コネクション）だったのである。

他方、彼ら「商人階層」（市民）は、自らの活動の結果手にした富を、次なる活動へ投資するために蓄積した。中世都市の市民たちの活動の中核には遠隔地間の商取引があった。これには、航海を通じての取引による損失の可能性も伴っていた。そのため彼らは、富の余剰を蓄積し、やがて余剰を「資本」に転化して商取引を拡大させていくことになったのである。この余剰の資本化にこそ、古代末期の地中海都市の住民との違いを認めることができる。

おわりに――統合の基層

「ヨーロッパ世界の誕生」

EUの歩みを知る二一世紀の現在、本書をここまで読み進めてくださった読者の方々は、そもそもヨーロッパ世界は一体のなかにあったのだな、との感慨をもたれたのではないだろうか。再び統合されつつあるヨーロッパ。その範囲は広い。

ヨーロッパといえば、イギリス、フランス、ドイツ、と三つの国を挙げる人は多い。これにイタリアを加え、ある人はスペインを含めたいと思うことだろう。私であれば、すでに第3章で述べたように、東欧、ギリシア、トルコ、またキプロスなども当然ながらキリスト教世界としての基層を共有する「ヨーロッパ」だ、としたいところである。

観察者の視点の取り方で変わるヨーロッパ世界の広がり。しかし、第4章、第5章で論じた、近代世界を生んだヨーロッパに限定してまずは考えるのが穏当、というものなのだろう。そこで生まれた近代的思考とその後の展開こそが、本書の叙述などを可能にしているのだから。

その点で、アンリ・ピレンヌの没後に出版された書物『ヨーロッパ世界の誕生――マホメットとシャルルマーニュ』は、改めて注目されてよいと感じている。この書物は当時、ヨーロッパ史にとって新しい地平を拓き、今日の現実に展開するヨーロッパ世界へと道を開いた作品となったからである。

「ヨーロッパ世界の誕生」論は、西北ヨーロッパ地域が政治的にビザンツの影響下から脱しひとつのまとまりのある政治体(カールによるフランク帝国)として自立したと説くばかりではなかった。社会経済面でもひとつの完結した空間となった点をも指摘していた。すなわち、九世紀前半までは、西北ヨーロッパも地中海世界の広域経済ネットワークの一環として包摂されていた。ところがこの時期に、同地域が地中海世界から切り離されて、独自の自律的な経済社会を形成していったという。

古来、地中海世界はひとつの大きな経済ネットワークを形成していたことは、事実として了解されてよい。例えば、G・チャレンコの発掘調査からは、二世紀以来、シリア山岳地帯に広がるオリーブ・プランテーションは地中海交易によって広く販路を得て、活況を呈していたことが知られる。

当時、キリスト教会の灯明はオリーブ油からとっていた。ところが、アルプス以北の聖堂管理者が残した記録によれば、あるときからオリーブ油を調達できずに、ロシアへつながる北の交易路に活路を見いだし、蜜蠟を灯明の燃料とするようになったという。ピレンヌは、この史料証言から、シリア産オリーブ油がガリア地方に途絶した可能性を指摘していた。近年の考古学的所見では、マッシリア(マルセイユ)沖の海底からは、シリア産オリーブ油を詰めて難破した容器《アンフォラ》が発見されるが、興味深いことに九世紀半ば以降のものについて、その痕跡が少ないといい、ピレンヌの仮説を支えている。

第1章の図7に見られるように、北アフリカに進出したアラブ・イスラーム勢力は、八三一年にシチリア島の都市パレルモを占領した。これ以降、彼らは南イタリア各地を攻撃し、古来ビザンツ領だった諸都市を占領していった。ビザンツ側の軍事拠点であったバーリすら、八四一年から八七一年の三〇年間にわたって占拠されたのだった。この政治地図の変更は、広域的な地中海交易を阻害したと考えられる。地中海規模大の経済ネットワークにも大きく影響したのだった。

ピレンヌの説く「ヨーロッパ世界の誕生」は、アルプス以北の人びとが、環地中海の交易世界から離れて、独自の生活圏を営みはじめた、との認識を含んでいた。アラブ・イスラーム国家の勃興は、ビザンツ世界、とりわけオリーブの一大産地だったシリア地域と、マッシリア(マルセイユ)などガリア諸地域との交易路の衰退をもたらした、という。この議論に対してはその後多くの反論が生まれ、前述の通り「局地的市場圏」の健在が確認されもした。また「東西地中海交易の衰退」という事実認識そのものも新しい研究によるチャレンジを受けてはいるが、ガリア地域における東地中海地方から産出された物品の途絶、という論点を否定するまでには至っていない。ともあれ、地中海から遠く離れたガリア中北部の経済生活は、九世紀に変質し、以後三〇〇年間にわたって自己完結的な農業社会に転成し、封建制の名で知られる社会関係を形成したと考えてよいのである。

グローバルなヨーロッパ史

西北ヨーロッパ地域が地中海世界の経済ネットワークから脱落して独自の「封建社会」を生み、やがて地中海世界と再び出会って「空間革命」を経験したことで、外部社会とのネットワークを糧に経済社会を切り拓く人間類型を生んだ、という認識は、ヨーロッパ史研究に小さからぬインパクトを与えることとなった。

西北ヨーロッパが域内の歴史だけでは語れない外部性をもったという事態は、その拡張版としての大航海時代を招来する前提でもあった。そして、大航海時代以降になると、ヨーロッパはより広い外部世界との関係性のなかで歴史を紡ぐこととなった。この歴史事実認識はいまや常識に属していると思うが、この視座からの考察は、ヨーロッパ史研究の歴史のなかでは比較的に新しい出来事だったといわなければならない。

この研究視座は、二人の偉大な歴史家によって切り拓かれた。

フランスの歴史家フェルナン・ブローデル(一九〇二―一九八五年)は、第二次世界大戦中にドイツ軍の捕虜となるなかで、戦後に刊行される大著『地中海』(原題『フェリペ二世時代の地中海と地中海時代』一九四九年)を構想した。それは、ピレンヌが第一次大戦下でやはりドイツ軍の捕虜となっている間に『ヨーロッパ世界の誕生』を着想したのと状況が似ていた。狭隘なナショナリズムの相剋を目の当たりにして、ブローデルもまた広いヨーロッパ、しかもイスラーム世界との交渉をも包含した地中海世界の全体構造分析を着想したのだった。

ブローデルは、分析枠組みとして、地中海世界の歴史に流れる時間の三層構造を提唱する。動かない時間としての「環境」milieu、中期的波動を創り出す時間としての「構造」structure、短期的時間のうごめきである「事件」événement である。そして、従来の歴史学は、偉人や出来事に焦点を合わせた「事件史」であったと整理し、一連の出来事、構造の舞台となった「環境」を叙述した上で、自らは「構造」を中心に、社会構造、経済構造、経済の長期波動(景気の循環論)などを分析してみせた。

この視座は、もとよりナショナル・ヒストリー(各国史)の枠を越えていたばかりか、地域間(地中海の各地域間)の交流がそれぞれの地域(特に西北ヨーロッパ)に与えた影響を検討するなど、新しい歴史学の幕開けとなって大きな影響を与えた。ブローデルは、やがて『物質文明・経済・資本主義――一五―一八世紀』(一九七九年)を刊行するが、これは「事実」に関する仔細な叙述をしてはいるものの、「資本主義」なる構造を長期波動の文脈で見通し、分析しようとしたものであった。なお、最後の大作『フランスの歴史』は未完に終わったが、この大作もまた、伝統的な認識枠組みである「フランス史」を彼自身の視座から見直そうとしている。

ピレンヌ、ブローデルの提案したヨーロッパ史へのまなざしを継承しながら、ヨーロッパをより広い外部性、すなわちグローバルな歴史のなかに捉え直すことを実践したのは、イマニュエル・ウォーラーステイン(一九三〇―二〇一九年)だった。

よく知られるように、彼はアフリカ学者であった。西北ヨーロッパ各国に従属して独自の経済発展を阻害されていた地域へのまなざしは、ヨーロッパとそれ以外との相関関係の歴史へと向かっていく。彼は、『近代世界システム』第一巻(一九七四年)の冒頭で、資本主義的世界経済の歴史を次の四つの時代区分によって示している。①一四五〇―一六四〇年、②一六四〇―一八一五年、③一八一五―一九一七年、④一九一七年―現代。経済史的観点からも、一般的なヨーロッパ史の観点からも、この時代区分の提案はきわめて妥当なものに思えるのであるが、この世界史観のなかでウォーラーステインは、「中核」coreとしてのヨーロッパ国家が、「周辺」peripheryとしてのアフリカ、アジア諸地域との関係性のなかで発展した、と提唱して、新しい分析枠組みを提示した。

確かに、イギリス(大英帝国)では、上記第三段階(一九―二〇世紀)において、「中核」coreとしての本国の資本主義的経済発展が見られることとなる。それは、前段階までに「周辺」地域が植民地化され、原材料の供給地、製品の市場として機能したためだった、というわけである。原材料 Material の確保、労働力 Man の増強、製品販路 Market の拡張。経済(工業的生産と貿易)活動の拡大を可能とする資本 Money の出現。それらが全体として、資本主義的な生産活動の拡張を可能とする。イギリス社会では工場の設置に伴う都市化が進み、労働者大衆が生まれ、農村地帯からの人口移動が常態化していった。国内労働力の慢性的な供給不足状態は、賃金の上昇と直結していたのであり、この傾向は実質賃金の上昇を意味し、代替措置としての生産用の機械 Machine の出現を促したのだった。

拡大していった国民経済活動は、一九世紀以降のヨーロッパ史を彩る事態となっていった。「遅れてきた資本主義国」ドイツや日本もまた、国家主導とはいえ、この循環を志向していった。いまや国家と社会の意思決定主体となった「市民」(商工民)による政策運営は、国民経済圏の拡張をめざして対外進出するようになる。世界大戦はこうして招来されたと理解するのが、歴史の現実に近いのだろう。

世界の不均等発展という大きな別の問題を本書で扱うことはできないが、ウォーラーステインは、一九世紀以降の西北ヨーロッパ各国史を、一五世紀半ば以来のロングスパンで、かつグローバル化に振れたヨーロッパ史の展開のなかで見事に捉え、精緻に理論化し、分析した。彼が残した業績は、これからも私たちにさまざまな問題を提起してくれることだろう。

私たちにとってのヨーロッパ史とは

さて、私たち日本人は「ヨーロッパ史」に何を求めてきたのだろう。

少なくともいえることは、私たちは明治期以来、政治や経済の現実的な「近代化」を推し進めることと並行して、ヨーロッパを「近代社会」の模範と見て、経済活動や社会そのもの、つまり人間関係の近代化をめざしてきた、ということではないだろうか。

経済に関していえば、農業生産の体制のもとに集約され、土地や在地の人間関係にとらわれていた農民層の解放（あるいは地主制の解体）こそが、近代工業化を進展させるための必須条件だったから、自由な労働者の創出はいかにして行われうるのか、ヨーロッパ各国の近代化過程がそのモデルとなる、と想定され、分析されてきたのである。

このことから、工業化が先行し、世界経済の中核ともなった「イギリス」が一番の手本とされてよかった。資本主義化の手本ということでいえば、次いで「フランス」だろうか。しかし、明治期の人びとは、フロントランナーとしての英仏ではなく、遅れて資本主義化した「ドイツ」にこそ見るべき模範を見いだした。

ドイツの名を冠した国家は、すでに指摘したように一八七一年になって初めて登場する。明治維新は、西暦では一八六八年のことであった。この二つの「遅れてきた資本主義国」は、歴史的に見て同じような事情を抱えていた。かの地の領邦国家体制と、日本の幕藩体制は、諸国分立の点で確かに似通っていた。

イギリス型の立憲政治を導入し、政党内閣を組織させる、と提言した大隈重信(一八三八―一九二二年)や福澤諭吉(一八三五―一九〇一年)の思想が鮮明に出てきたとき、それは過激である、と明治政府内では違和感をもつ者が少なからずいた。伊藤博文(一八四一―一九〇九年)もこれに反対した。伊藤をはじめとする人びとは、ドイツ事情を知るに及んで、プロイセン型の憲法草案に傾いていったわけである。

一八八一年に起こったいわゆる「明治一四年の政変」は、大日本帝国をドイツ流の立憲君主国家にするための選択となった。「イギリス」を手本とすべきと主張した大隈重信や福澤諭吉の門下生らが、この政変によって下野したことはよく知られている。

こうして一八八〇年代になると、ベルリン大学を中心に多くの国費留学生がドイツに派遣されることとなる。医学生として北里柴三郎(医学者、一八五三―一九三一年)、山根正次(医学者、一八五八―一九二五年)、森鷗外(一八六二―一九二二年)、法学徒として宮崎道三郎(法制史家、一八五五―一九二八年)、穂積八束(法学者、一八六〇―一九一二年)等、錚々たる各分野の俊才が、ドイツの学知を修め、ドイツ帝国の先端的医学や国家制度の導入のために研学に励んだ。さらに一世代後になると、西洋列強との経済競争のために必要となった商学・経済学分野でも人材育成の機運が昂まり、高等商業学校(現一橋大学)の福田徳三(一八七四―一九三〇年)、関一(一八七三―一九三五年)、三浦新七(一八七七―一九四七年)、左右田喜一郎(一八八一―一九二七年)らの俊才が派遣されて、経済学(ドイツ歴史学派経済学)、哲学などを修めている。いずれも、近代日本の国家と社会の骨格がかたち作られる途上での出来事であった。

ヨーロッパ史からの学び

一九世紀に国民国家としての経済発展を推進したヨーロッパの市民(商工民)社会は、経済面での内的発展(生産性の向上)と、外延的発展(植民地獲得競争)に邁進していった。帝国主義の時代、と語られる一八七〇年代からの時代は、国家間の領土拡大を含む経済競争を主な政策目標としていたのではなかったか。資本と市民(労働者)が一体となって推し進めた諸政策は、二度の世界大戦までも引き起こした。アンリ・ピレンヌが提唱した「ヨーロッパ史」は、かかる一九世紀型の各国政治・経済発展政策への、いわばアンチテーゼにほかならなかった。

ピレンヌや増田四郎は、ヨーロッパ世界が本来有した一体性を指摘した。そしてこの一体性が、アラブ・イスラーム勢力の伸張によって瓦解した、と説いていた。この認識は、七世紀から一〇世紀の地中海＝ヨーロッパ史の研究成果に照らしても、論調の強弱はあるとはいえ、歴史上の事実《ファクト》としてよい。そう考えると、かつての大帝たちの活動は、地域限定的となったヨーロッパ世界を地中海規模大に恢復しようとする努力にほかならなかったといってよいのではないだろうか。

他方、二〇世紀から二一世紀の現在、世界規模での新たな移民・難民現象によってヨーロッパは流動化している。古代末期におけるキリスト教のような新たな統合の原理を見いだせないまま、世界は苦悩している。各地で見られる保守勢力の台頭に対する憂慮もまた、古代末期から中世初期に出現した知識人らの経験・対応と重なって見えてくる。現在のヨーロッパ学界において、古代末期から中世初期のヨーロッパ史への関心が改めて昂まっているのも頷《うなず》けるというものである。

ヨーロッパが、言語や国民性の違いを乗り越え、経済統合をしてすでに三〇年が過ぎた。現代ヨーロッパの動向が歴史学や政治学、法学、経済学に与える影響については、論を俟たない。歴史学に限定して考えても、二〇世紀後半以降に進展したこの歴史の新局面が、「ヨーロッパ史」研究に与える影響は、これからヨーロッパばかりでなく各国の歴史学界においてさまざまな反応と研究成果を生むにちがいない。

国民国家を創りあげた時代の人びともそうだったが、本来のヨーロッパ世界の広がりを的確に認識して知的活動の枠組みを切り拓いた人たちも、また歴史が産み落とした存在といえるのかもしれない。ヨーロッパの文化活動には、そうした時代ごとの社会や経済の状況に応じた変化の相貌を、表層ばかりでなく深層にまで分け入って的確に認識し、時代に潜む矛盾をも見事に言語化しながら、未来を切り拓く力がある。そのような思考者たち(哲学者や歴史家、文学者、作家、芸術家、等々)を生んできたのが、ヨーロッパの歴史だったといってよいのだろう。

他方、一一世紀から一二世紀に始まる中世都市で育まれた市民意識と、都市の団体的ルールもまた、ヨーロッパの歴史が生んだ精華というべきだろう。都市の自治、都市空間内での市民の自由 Libertas、そして市民相互における平等 Egalitas・博愛 Fraternitas の精神こそは、近代における「公共精神」の基礎となった。これは、その頃から強化される新しい領主権力に対応した自警・自衛の動きであったが、そこに打ち立てられた都市自治の精神は、きわめて民主主義的なかたちで市民社会のルールを創っていった。そこには、富める者も貧しい者もいた。しかし、公共世界に奉仕するという精神、公共の施設を大事にするという精神は、厳格な規範を伴って現代ヨーロッパに継承されているのである。このヨーロッパ市民生活の精神こそは、普遍的な価値をもって二一世紀の今日、世界の文化の基礎となっているものであろう。

あとがき

この小著は、すこし風変わりなヨーロッパ史論です。歴史の概説書であれば、事実を系統立てて時系列に沿って叙述するのが普通かもしれません。研究書であれば、史料やそこに痕跡をのこす諸事象を、事象相互間の因果関係を解きほぐしながら解説したりすることでしょう。またヨーロッパ論であれば、ヨーロッパ文化の本質を論じ、それぞれの時代を代表する著述に即して思想の特質を抉《えぐ》り出したりするものです。

ところが本書では、一部でそのような試みをしてはいますが、全体として「ヨーロッパ史とは何か」という問題にささやかな見通しを得ようとして、それらの常道を踏んでいません。いわば、私たちが「ヨーロッパ」の歴史をどう見てきたかについて考え、「ヨーロッパ史」をめぐる思想の変遷を整理してみる作業となりました。

専門領域を超えて、なぜそのようなかたちで無謀とも思える一書をなそうとしたかといえば、私が関心を寄せた対象フィールド「ビザンツ」なる国家をどう捉えるか、という問題が、研究作業そのものよりも前に、研究の戸口に大きく横たわっていたからです。

経済学部で「経済発展のメカニズム」や「資本主義社会の構造」などについて学びながら、その舞台となったヨーロッパ社会そのものに惹かれ、しかし近代ヨーロッパとは一見無関係な過去社会に惹かれて研究を始めました。そのビザンツ国家にも独自の社会経済構造があり、人びとの暮らしが営まれていることを知り、ますます興味を深めていったものです（まさにアウグスティヌスがいう「学べば好きになる」amare noscentis est でした）。にもかかわらず、この社会に対しては当時、停滞した社会、衰退する帝国、分解しゆく国家、等々、いささか無慈悲な評価が与えられていたものでした。

今から思えば、この社会に対するネガティブな評価は、当時（一九八〇年代まで）の時代精神によるものだった、と思い知ります。日本にかぎらず、一九世紀半ばより始まる近代的な経済発展という国家の要請のなかで、いわば右肩上がりに発展し、成長しなければならない社会の住人であった私たちが、ヨーロッパの中世社会のなかで「古代の延長物」として扱われて評価が難しかった東地中海社会に対し、その住人との対話もあまりないままに貼ってきたレッテルだった、と了解されてきます。直感的な違和感を多少とも言語化できるようになった今、舌足らずなレポートを提出している感があります。

真実と虚偽は、ことばの属性であって、ものごとの属性ではない。そして、ことばがないところには、真実も虚偽もない。

ホッブズは『リヴァイアサン』のなかでこう書いていました。私たちは、知識として与えられるものによって常識をつちかい、しばしば行動を規定されもします。しかし、必ずしも真実とはいえない知識もまた少なくありません。あるいは作為によって与えられた知識の上に生きることすらあるかもしれない。自らの目で対象に迫り、歴史認識をも含めた社会の真相に迫りたい。そして、ゆるぎない事実を認識しながら思索したいもの、とささやかな歩みのなかで思うこの頃です。

ひとは時代のなかに生きています。そして各々の土地の作法のなかで暮らしています。あるとき、ある場所に生まれ落ちた私たちにとって、自らが立つ基盤を理解することは大切な作業に違いありません。その際、自らが生きる時代と場所の論理をより深く認識するために、他の時代、他所の作法を知ることは有効な契機となることが多いでしょう。同時代の旅でもその効果は得られるものですが、過去のさまざまな社会に旅することから学べることも少なくなく、知らない土地であればなお、虚心坦懐に事態を見極める眼も養われるというものです。

第4章でも述べたように、「中世人」の世界観を乗り越え、自らの眼と経験によって真実を見極めようとする方法態度は、一六世紀以降の「近代人」によって生み出されました。それは最初、暦に関する探究からでした。コペルニクスもこの暦の問題から天文の世界に向かっていったのです。当時の人びとに「世界暦」問題(終末を迎えていない「いま」を見極める関心)が伏在していたことは、明らかでした。やがて、一七世紀の人びとは、それぞれの探究の道を切り拓いていき、科学的方法態度が生長していったのでした。

他方、個と個の触れ合いのなかから生まれる相互認証は、私たち近代人の基礎にある生活哲学といってよいでしょう。共同体や国家に属して一体感を共有してもいる私たちですが、それぞれにかけがえのない一回かぎりの個として存在している。その淵源となる個の思想は、思えばエーゲ海の泡立つ白い波濤から生まれ出たものでした。近世哲学から学問生活を始められた坂口ふみ先生もまた、近世思想の源流を求めて古代末期へと想いを馳せておられました。

純粋な個としての個、かけがえのない、一回かぎりの個の尊厳、そういったものが思想的・概念的に確立したのは、近代よりはるか以前のことだったと思われる。遅くとも紀元五、六世紀の、あのローマ帝国末期の教義論争のなかで、それははっきりとした独自の顔をあらわし出している。……あのローマの教義論争の時代には、近代の個よりは少し茫漠とした、しかし、まだ「意識」に還元されきってはいない、それゆえいかにもみずみずしく、生命にあふれた「個」の概念が生きてはいなかったろうか。(『〈個〉の誕生』岩波現代文

庫、三六頁）

アメリカの歴史家ピーター・ブラウンによれば、古代末期（二―七世紀）、このような「個人」意識は、満天の星の個々に擬《なぞら》えられて、自覚化されていったといいます。このキリスト教世界生成期に、近代の、自由で平等で、かけがえのない「個」の思想が胚胎されたのでした。

こうして私の研究は、現代に直結する〈近代社会〉の具体的生成分析を見据えながら、一連の装置を生み出す種子を胚胎したプロトタイプ社会の検証へと向かっていったのでした。私たちの「経済学」は、「近代市民社会」の産物である。とすれば、私が見定めたいと願っていたのは、その原型としてのオイコノミア論でした。

本書を著すにあたっては、多くの方々のご助力をいただきました。岩波新書編集部の飯田建氏は、諸処に書いていた拙文を読まれ、本書を慫慂されました。氏の弛まぬ激励なしには、日々の学務に紛れる私は、この拙い稿をまとめることができなかったと思います。改めて飯田さんの目配りと激励に感謝します。

本年（二〇二三年）二月に惜しまれながら長逝された社会思想史の水田洋先生は、学生時代から折りに触れ、ビザンツ研究の道を歩む私を励ましてくださいました。先生は、あらゆる社会現象、文化形象の特質に迫るための方法態度を、身をもって示されました。先生の厳密な思想史研究と、研究対象を人類文化の広がりのなかで捉える眼力は、悠然としたヨーロッパなる大河を前に呆然とする私にとってはいつも導きの星でした。

トマス・ホッブズ『ホッブズの弁明／異端』（未來社、二〇一一年）、『アダム・スミス 法学講義 1762〜1763』（名古屋大学出版会、二〇一二年）でのギリシア語、ラテン語の解読作業が、学術面でお手伝いさせていただく最後となりました。それらの機会を通じて、あのホッブズもまた、古代末期に取材して彼の同時代の思想的混沌に光を当てようとしていたことを知り、興奮したものです。

すべての言説は、歴史・思想史研究の素材になりうる。そう教えてくださった水田先生。紙背に潜む真実をつかみ取ることにおいて達人だった碩学の長年の学恩に深く感謝しながら、誠に乱暴な素描ですが、先生の御霊前に本書を捧げさせていただきたく思います。

二〇二三年一二月

大月康弘

岩波新書より

(2023.7)　◆は品切，電子書籍版あり．(E2)

現代世界

岩波新書より

世界史

岩波新書新赤版一〇〇〇点に際して

ひとつの時代が終わったと言われて久しい。だが、その先にいかなる時代を展望するのか、私たちはその輪郭すら描きえていない。二〇世紀から持ち越した課題の多くは、未だ解決の緒を見つけることのできないままであり、二一世紀が新たに招きよせた問題も少なくない。グローバル資本主義の浸透、憎悪の連鎖、暴力の応酬――世界は混沌として深い不安の只中にある。

現代社会においては変化が常態となり、速さと新しさに絶対的な価値が与えられた。消費社会の深化と情報技術の革命は、種々の境界を無くし、人々の生活やコミュニケーションの様式を根底から変容させてきた。ライフスタイルは多様化し、一面では個人の生き方をそれぞれが選びとる時代が始まっている。同時に、新たな格差が生まれ、様々な次元での亀裂や分断が深まっている。社会や歴史に対する意識が揺らぎ、普遍的な理念に対する根本的な懐疑や、現実を変えることへの無力感がひそかに根を張りつつある。そして生きることに誰もが困難を覚える時代が到来している。

しかし、日常生活のそれぞれの場で、自由と民主主義を獲得し実践することを通じて、私たち自身がそうした閉塞を乗り超え、希望の時代の幕開けを告げてゆくことは不可能ではあるまい。そのために、いま求められていること――それは、個と個の間で開かれた対話を積み重ねながら、人間らしく生きることの条件について一人ひとりが粘り強く思考することではないか。その営みの糧となるものが、教養に外ならないと私たちは考える。歴史とは何か、よく生きるとはいかなることか、世界そして人間はどこへ向かうべきなのか――こうした根源的な問いとの格闘が、文化と知の厚みを作り出し、個人と社会を支える基盤としての教養となった。まさにそのような教養への道案内こそ、岩波新書が創刊以来、追求してきたことである。

岩波新書は、日中戦争下の一九三八年一一月に赤版として創刊された。創刊の辞は、道義の精神に則らない日本の行動を憂慮し、批判的精神と良心的行動の欠如を戒めつつ、現代人の現代的教養を刊行の目的とする、と謳っている。以後、青版、黄版、新赤版と装いを改めながら、合計二五〇〇点余りを世に問うてきた。そして、いままた新赤版が一〇〇〇点を迎えたのを機に、人間の理性と良心への信頼を再確認し、それに裏打ちされた文化を培っていく決意を込めて、新しい装丁のもとに再出発したいと思う。一冊一冊から吹き出す新風が一人でも多くの読者の許に届くこと、そして希望ある時代への想像力を豊かにかき立てることを切に願う。

（二〇〇六年四月）

大月康弘

1962年栃木県足利市生まれ
1985年一橋大学経済学部卒業
1990年一橋大学大学院経済学研究科修了，博士(経済学)
現在－一橋大学大学院経済学研究科教授，同大学理事・副学長
専攻－ビザンツ史，経済史，文明史
著書－『帝国と慈善 ビザンツ』(創文社，2005年．第49回日経・経済図書文化賞)，『ヨーロッパ 時空の交差点』(創文社，2015年)，リウトプランド『コンスタンティノープル使節記』(訳・解説，知泉書館，2019年)，『ユスティニアヌス大帝』(山川出版社，2023年)ほか

ヨーロッパ史 拡大と統合の力学　岩波新書(新赤版)2003

2024年1月19日　第1刷発行
2024年5月15日　第3刷発行

著　者　大月康弘《おおつきやすひろ》

発行者　坂本政謙

発行所　株式会社 岩波書店
〒101-8002 東京都千代田区一ツ橋2-5-5
案内 03-5210-4000　営業部 03-5210-4111
https://www.iwanami.co.jp/

新書編集部 03-5210-4054
https://www.iwanami.co.jp/sin/

印刷製本・法令印刷　カバー・半七印刷

ISBN 978-4-00-432003-6　Printed in Japan

索引

人名

た・な行

は　行

ま　行

や　行

ら　行

地　名

あ 行

か 行

さ 行

た・な行

は　行

ま・や行

ら　行

索　引

事　項

た・な行

は　行

ま・や行

ら　行

関連略年表

西暦	出来事
284-305	ディオクレティアヌス帝による四分統治
306-337	コンスタンティヌス大帝治世
325	ニカイア公会議(第1回全地公会議)，キリスト教の公認
330	コンスタンティノープル開都
361-363	背教者ユリアヌス帝の治世
378	アドリアノープルの戦い，ゴート族の連合軍にローマ帝国軍が敗北
381	コンスタンティノープル公会議(第2回全地公会議)
392	キリスト教の国教化が完成
395	テオドシウス大帝死去，ローマ帝国の東西分割統治．東帝国はアルカディウス(兄)，西帝国はホノリウス(弟)が統治
402	西ローマ帝国の首都ラヴェンナに移転
410	アラリック率いる西ゴート族がローマを略奪
418	イベリア半島および南ガリアに西ゴート王国成立(-711．首都トロサ→バルセロナ→トレド)
429	北アフリカにヴァンダル王国成立(-534)
431	エフェソス公会議(第3回全地公会議)
451	カルケドン公会議(第4回全地公会議)
553	第2コンスタンティノープル公会議(第5回全地公会議)
622	ヒジュラ(聖遷)．預言者ムハンマドのメッカからメディナへの移住
627	ニネヴェの戦い，ペルシア軍の大敗．ビザンツ皇帝を「バシレウス」と呼ぶギリシア語史料の初出
655	マストの海戦．ウマイヤ朝初代カリフ，ムアーウィヤが小アジア南部リュキア沖でギリシア艦隊を撃破．以後，地中海沿岸の西方進出を可能とした
680-681	第3コンスタンティノープル公会議(第6回全地公会議)
751-754	ピピンのイタリア遠征，ランゴバルド王国打倒
787	第2ニカイア公会議(第7回全地公会議)
800	カールの皇帝戴冠(12/25)
814	カール没(1/28)
869-870	第4コンスタンティノープル公会議(第8回全地公会議)
913-920/945-959	コンスタンティノス7世の治世

962	オットー1世の皇帝戴冠(2/2)
963-969	ニケフォロス2世フォーカスの治世
973	オットー1世没(5/7)
976-1025	バシレイオス2世の治世
1096	第1回十字軍始まる
1204-61	第4回十字軍がコンスタンティノープル奪取，ラテン帝国の成立
1331-46	ステファン・ウロシュ4世ドゥシャンがツァールの称号を帯びる
1389	コソヴォの戦い
1391	イベリア半島でのユダヤ人迫害
1438-39	フェラーラ＝フィレンツェ公会議
1440	ベッサリオンがイタリアに移住
1453	コンスタンティノープル陥落(5/29)
1480	モスクワ大公イワン3世がキプチャク＝ハン国軍を破り「タタールのくびき」終結
1496	コペルニクス，イタリア留学(-1506)
1544	ピサの植物園創設(「植物園」の始まり)
1682	ホーベルク『篤農訓』刊行
1689	ロック『統治二論』刊行
1748	モンテスキュー『法の精神』刊行
1756	ヴォルテール『諸国民の風俗と精神について』刊行
1789	フランス革命始まる
1859	ダーウィン『種の起源』刊行
1867	マルクス『資本論』第1巻刊行
1871	ドイツ帝国の成立(1/18)
1881	明治14年の政変(日本をドイツ流の立憲君主国家とすることが定まる)
1900	ドイツ民法典の施行(1/1)
1902	ゾンバルト『近代資本主義』刊行開始(-1927)
1937	ピレンヌ『ヨーロッパ世界の誕生』刊行
1942	シュミット『陸と海と』刊行
1949	ブローデル『フェリペ2世時代の地中海と地中海世界』(邦題『地中海』)刊行
1974	ウォーラーステイン『近代世界システム』刊行開始(-2011)

参考文献

はじめに

佐藤彰一『ヨーロッパの中世(1)　中世世界とは何か』岩波書店，2008 年
増田四郎『ヨーロッパとは何か』岩波新書，1967 年
山田欣吾『教会から国家へ――古相のヨーロッパ(西洋中世国制史の研究 1)』創文社，1992 年
――― 『国家そして社会――地域史の視点(西洋中世国制史の研究 2)』創文社，1992 年
渡辺金一『中世ローマ帝国』岩波新書，1980 年

第 1 章

上原専祿「クレモナ司教リウドプランドの『報復の書』」『上原専祿著作集 17　クレタの壺』評論社，1993 年
大月康弘『ユスティニアヌス大帝――世界に君臨するキリスト教ローマ皇帝』山川出版社，2023 年
大貫隆『終末論の系譜――初期ユダヤ教からグノーシスまで』筑摩書房，2019 年
佐藤彰一『カール大帝――ヨーロッパの父』山川出版社，2013 年
三佐川亮宏『オットー大帝――辺境の戦士から「神聖ローマ帝国」樹立者へ』中公新書，2023 年
本村凌二『多神教と一神教――古代地中海世界の宗教ドラマ』岩波新書，2005 年
吉村忠典『古代ローマ帝国――その支配の実像』岩波新書，1997 年
――― 『古代ローマ帝国の研究』岩波書店，2003 年
ロベール・フォルツ(大島誠編訳)『シャルルマーニュの戴冠』白水社，1986 年
ルドルフ・カール・ブルトマン(中川秀恭訳)『歴史と終末論』岩波書店，1959 年
リウトプランド(大月康弘訳)『コンスタンティノープル使節記』知泉書館，2019 年
カール・レーヴィット(信太正三・長井和雄・山本新訳)『世界史と救済史――歴史哲学の神学的前提』創文社，1964 年
――― (柴田治三郎訳)『神と人間と世界――デカルトからニーチェまでの形而上学における』岩波書店，1973 年
Alexander, Paul Julius, *The Byzantine Apocalyptic Tradition*, University of California Press, 1985.

McGinn, Bernard, *Antichrist: Two Thousand Years of the Human Fascination with Evil*, Columbia UP, 1994.（邦訳：松田直成訳『アンチキリスト――悪に魅せられた人類の二千年史』河出書房新社，1998年）
Sackur, Ernst Friedrich, *Sibyllinische Texte und Forschungen: Pseudomethodius, Adso und die tiburtinische Sibylle*, Halle a. S.: Niemeyer, 1898.

第2章

大月康弘『帝国と慈善 ビザンツ』創文社，2005年
岡崎勝世『聖書vs.世界史――キリスト教的歴史観とは何か』講談社現代新書，1996年
――『キリスト教的世界史から科学的世界史へ――ドイツ啓蒙主義歴史学研究』勁草書房，2000年
――『世界史とヨーロッパ――ヘロドトスからウォーラーステインまで』講談社現代新書，2003年
――『科学vs.キリスト教――世界史の転換』講談社現代新書，2013年
村上陽一郎『ペスト大流行――ヨーロッパ中世の崩壊』岩波新書，1983年
アルノ・ボルスト（津山拓也訳）『中世の時と暦――ヨーロッパ史のなかの時間と数』八坂書房，2010年
Ioannis Malalae Chronographia, ed. Ioannes Thurn, Berlin, 2000.（英訳：*The Chronicle of John Malalas, A Translation*, [Byzantina Australiensia 4] Melbourne, 1986.）
Agathias, *Historiae*, ed. R. Keydell, Berlin, 1967.
Alexander, Paul Julius, *The Oracle of Baalbek: The Tiburtine Sibyl in Greek Dress*, Washington, D.C., 1967.
Grumel, Venance, *La Chronologie*, Paris, PUF, 1959.
Hellholm, David (ed.), *Apocrypha and Pseudepigrapha of the Old Testament in English*, with intro & critical & explanatory notes to the several books edited by R. H. Charles et al., (2 vols. set) Oxford UP, 1963.
Hellholm, David (ed.), *Apocalypticism in the Mediterranean World and the Near East. Proceedings of the International Colloquium on Apocalypticism Uppsala, August 12–17, 1979*, 2. erw. Aufl., Tübingen, Mohr Siebeck, 1989.
Kautzsch, Emil, *Die Apokryphen und Pseudepigraphen des Alten Testaments*, Tübingen, 1900. (rep. Wissenschaftliche Buchgesellschaft Darmstadt, 1994.)
Magdalino, Paul, 'The history of the future and its uses: prophecy, policy and propaganda', *The Making of Byzantine History. Studies Dedicated to Donald M. Nicol on His Seventieth Birthday*, eds. R. Beaton and C. Roueché,

Aldershot, 1993, pp. 3-34; reprinted with postscript in *The Expansion of the Orthodox World*, ed. J. Shepard, Aldershot, 2004.

McGinn, Bernard, *Visions of the End: Apocalyptic Traditions in the Middle Ages*, Columbia UP, 1998.

Podskalsky, Gerhard, *Byzantinische Reichseschatologie. Die Periodisierung der Weltgeschichte in den vier Grossreichen (Daniel 2 und 7) und dem tausendjährigen Friedensreiche (Apok. 20). Eine Motivgeschichtliche Untersuchung*, München, 1972.

Vasiliev, Alexander Alexandrovich, 'Medieval ideas of the end of the world: West and East', *Byzantion* 16(1942-43), pp. 462-502.

Watt, J. W. and Trombley, Frank R. (eds.), *The Chronicle of Pseudo-Joshua the Stylite*, Liverpool UP, 2000.

Wright, William, *The Chronicle of Joshua the Stylite: Composed in Syriac A.D. 507*, Cambridge, 1882.

第3章

大月康弘「ビザンツ皇帝の帝国統治と世界認識」三浦徹編『750年 普遍世界の鼎立』山川出版社，2020年

佐藤彰一『ポスト・ローマ期フランク史の研究』岩波書店，2000年

佐藤彰一・池上俊一『世界の歴史(10) 西ヨーロッパ世界の形成』中央公論社，1997年(中公文庫，2008年)

瀬原義生『ドイツ中世前期の歴史像』文理閣，2012年

成瀬治・山田欣吾・木村靖二編『世界歴史大系 ドイツ史1』山川出版社，1997年

三佐川亮宏『ドイツ史の始まり――中世ローマ帝国とドイツ人のエトノス生成』創文社，2013年

――『ドイツ――その起源と前史』創文社，2016年

――『紀元千年の皇帝――オットー三世とその時代』刀水書房，2018年

渡辺金一『コンスタンティノープル千年――革命劇場』岩波新書，1985年

ウィリアム・バトラー・イェイツ(高松雄一編)『対訳 イェイツ詩集』岩波文庫，2009年

マガリ・クメール，ブリューノ・デュメジル(大月康弘・小澤雄太郎訳)『ヨーロッパとゲルマン部族国家』白水社，2019年

ハインツ・トーマス(三佐川亮宏・山田欣吾編訳)『中世の「ドイツ」――カール大帝からルターまで』創文社，2005年

ハンス・ゲオルク・ベック(渡辺金一編訳)『ビザンツ世界の思考構造――文学創造の根底にあるもの』岩波書店，1978年

カール・ボーズル(平城照介・山田欣吾・三宅立監訳)『ヨーロッパ社会の成立』東洋書林，2001年
McKitterick, Rosamond, *The Frankish Kingdoms under the Carolingians, 751-987*, London/New York: Longman, 1983.
Tchalenko, Georges, *Villages antiques de la Syrie du Nord. Le Massif du Bélus à l'époque Romaine*, [Institut Français d'Archéologie de Beyrouth, Bibliothèque Archéologique et Historique, Tome L.] Paris, tome 1-2: 1953, tome 3: 1958.
Toynbee, Arnold Joseph, *Constantine Porphyrogenitus and His World*, Oxford UP, 1973.
Yeats, W. B., Pethica, James (ed.), *Yeats's Poetry, Drama, and Prose: Authorative Texts, Contexts, Criticism*, (Norton Critical Editions) W. W. Norton & Co. Inc., 1999.
Wickham, Chris, *Framing the Early Middle Ages: Europe and the Mediterranean, 400-800*, Oxford UP, 2006.

第4章

石原保徳『世界史への道――ヨーロッパ的世界史像再考』前篇・後篇，丸善ライブラリー，1999年
樺山紘一『西洋学事始』中公文庫，2011年
佐藤彰一『歴史探究のヨーロッパ――修道制を駆逐する啓蒙主義』中公新書，2019年
瀬原義生『ヨーロッパ中世都市の起源』未來社，1993年
――― 『ドイツ中世都市の歴史的展開』未來社，1998年
立石博高編『スペイン・ポルトガル史』上・下，山川出版社，2022年
田中秀夫編『野蛮と啓蒙――経済思想史からの接近』京都大学学術出版会，2014年
根占献一『ルネサンス文化人の世界――人文主義・宗教改革・カトリック改革』知泉書館，2019年
増田義郎『コロンブス』岩波新書，1979年
松田純『ヘーゲル歴史哲学の実像に迫る――新資料に基づくヘーゲル像の刷新』知泉書館，2023年
三佐川亮宏訳注『クレモナのリウトプランド『報復の書』／ヴァイセンブルクのアーダルベルト『レーギノ年代記続編』』知泉書館，2023年
南塚信吾『「世界史」の誕生――ヨーロッパ中心史観の淵源』ミネルヴァ書房，2023年
アウグスティヌス(服部英次郎・藤本雄三訳)『神の国』全5巻，岩波文庫，1982-91年(原題：*De Civitate Dei contra Paganos*)

エウセビオス(秦剛平訳)『教会史』全3巻，山本書店，1986-88年(上・下，講談社学術文庫，2010年)

ジョルジョ・アガンベン(高桑和巳訳)『王国と栄光——オイコノミアと統治の神学的系譜学のために』青土社，2010年(原著：*Il Regno e la Gloria: Per una genealogia teologica dell'economia e del governo*, Torino: Bollati Boringhieri, 2009.)

クセノフォン(越前谷悦子訳)『オイコノミコス——家政について』リーベル出版，2010年

シュテフェン・パツォルト(甚野尚志訳)『封建制の多面鏡——「封」と「家臣制」の結合』刀水書房，2023年

ミシェル・フーコー(渡辺一民・佐々木明訳)『言葉と物——人文科学の考古学』新潮社，1974年(原著：*Les mots et les choses*, Pais, 1966.)

アドリアーン・フルヒュルスト(森本芳樹ほか訳)『中世都市の形成——北西ヨーロッパ』岩波書店，2001年

オットー・ブルンナー「「全《まった》き家」と旧ヨーロッパの「家政学」」(石井紫郎ほか訳)『ヨーロッパ——その歴史と精神』岩波書店，1974年

ヨハン・ホイジンガ(兼岩正夫・里見元一郎訳)『中世の秋』創文社，1958年／(堀越孝一訳)『中世の秋(世界の名著55 ホイジンガ)』中央公論社，1967年(原著：*Herfsttij der Middeleeuwen*, 1919.)

ゴットフリート・ヴィルヘルム・ライプニッツ(山田弘明・町田一編訳)『ライプニッツ デカルト批判論集』知泉書館，2023年

Richter, Gerhard, *Oikonomia. Der Gebrauch des Wortes Oikonomia im Neuen Testament, bei den Kirchenvätern und in der theologischen Literatur bis ins 20. Jahrhundert*, De Gruyter, 2005.

第5章

内田芳明『ヴェーバー——歴史の意味をめぐる闘争』岩波書店，2000年

柄谷行人『世界史の構造』岩波書店，2010年

——— 『帝国の構造——中心・周辺・亜周辺』青土社，2014年

今野元『ドイツ・ナショナリズム——「普遍」対「固有」の二千年史』中公新書，2021年

坂口ふみ『〈個〉の誕生——キリスト教教理をつくった人びと』岩波書店，1996年(岩波現代文庫，2023年)

竹田和子「19世紀前半ドイツの国民意識形成に関する考察」『大阪音楽大学研究紀要』第54巻，2016年

村松恒一郎『文化と経済』東洋経済新報社，1977年

馬場哲「社会経済史学会の創立と一九三〇年前後の社会経済史研究」歴史学研究会編(加藤陽子責任編集)『「戦前歴史学」のアリーナ——歴史家たち

の一九三〇年代』東京大学出版会，2023 年
歴史学研究会編（加藤陽子責任編集）『「戦前歴史学」のアリーナ――歴史家たちの一九三〇年代』東京大学出版会，2023 年
アダム・スミス（水田洋監訳，杉山忠平訳）『国富論』全 4 巻，岩波文庫，2000-01 年
――― （水田洋・篠原久・只腰親和・前田俊文訳）『アダム・スミス 法学講義 1762～1763』名古屋大学出版会，2012 年
ユルゲン・ハーバーマス（細谷貞雄訳）『公共性の構造転換』未來社，1973 年
アンリ・ピレンヌ（佐々木克巳・中村宏訳）『ヨーロッパ世界の誕生――マホメットとシャルルマーニュ』創文社，1960 年（講談社学術文庫，2020 年）
――― （佐々木克巳訳）『中世都市――社会経済史的試論』創文社，1970 年（講談社学術文庫，2018 年）
トマス・ホッブズ（水田洋編訳）『ホッブズの弁明／異端』未來社，2011 年

おわりに

川北稔『世界システム論講義――ヨーロッパと近代世界』ちくま学芸文庫，2016 年
イマニュエル・ウォーラーステイン（川北稔訳）『史的システムとしての資本主義』岩波書店，1997 年
――― （川北稔訳）『近代世界システム I――農業資本主義と「ヨーロッパ世界経済」の成立』名古屋大学出版会，2013 年
――― （川北稔訳）『近代世界システム II――重商主義と「ヨーロッパ世界経済」の凝集 1600-1750』名古屋大学出版会，2013 年
――― （川北稔訳）『近代世界システム III――「資本主義的世界経済」の再拡大 1730s-1840s』名古屋大学出版会，2013 年
――― （川北稔訳）『近代世界システム IV――中道自由主義の勝利 1789-1914』名古屋大学出版会，2013 年
フェルナン・ブローデル（浜名優美訳）『地中海』全 5 巻，藤原書店，1991-95 年
――― （村上光彦訳）『物質文明・経済・資本主義 1――15-18 世紀 日常性の構造 1・2』みすず書房，1985 年
――― （山本淳一訳）『物質文明・経済・資本主義 2――15-18 世紀 交換のはたらき 1・2』みすず書房，1986-88 年
――― （村上光彦訳）『物質文明・経済・資本主義 3――15-18 世紀 世界時間 1・2』みすず書房，1996-99 年
Braudel, Fernand, *L'identité de la France*, Vols. 1-2, Paris, 1986.

図版出典一覧

記載のないものはパブリックドメイン

地図(「中世」のヨーロッパ)
大月康弘『ユスティニアヌス大帝――世界に君臨するキリスト教ローマ皇帝』山川出版社，2023年，掲載地図をもとに作成

扉
第1章　筆者撮影
第2章　大月康弘『ヨーロッパ 時空の交差点』創文社，2015年，109頁
第3章　筆者撮影
第4章　名古屋大学附属図書館所蔵「水田文庫」より
第5章　南野薫撮影

本文
図1, 2, 4, 14　筆者撮影
図6, 7　『岩波講座 世界歴史7　ヨーロッパの誕生――4-10世紀』岩波書店，1998年
図12　Constantine VII, *De ceremoniis aulae byzantinae*, ed. J. Reiske (2 vols., 1829, 1830).
図17-20　ジョルジョ・アガンベン(高桑和巳訳)『王国と栄光――オイコノミアと統治の神学的系譜学のために』青土社，2010年，口絵
表　筆者作成